Naturgrundlagen der Ernährung

Rudolf Steiner

Themen aus dem Gesamtwerk 6

Rudolf Steiner (1861 – 1925), studierte Natur- und Ingenieurwissenschaften an der Technischen Universität Wien, er promovierte in Philosophie an der Universität Rostock, war Herausgeber der naturwissenschaftlichen Schriften Goethes und ist Begründer der Anthroposophie und der Waldorfpädagogik, der biologisch-dynamischen Landwirtschaft und der anthroposophisch erweiterten Medizin und Heilpädagogik, des organischen Funktionalismus in der Architektur und der Bewegungskunst Eurythmie. Seine Hauptwerke sind: *Die Philosophie der Freiheit; Theosophie. Einführung in übersinnliche Welterkenntnis und Menschenbestimmung; Wie erlangt man Erkenntnisse der höheren Welten?* und *Die Geheimwissenschaft im Umriß.* Diese bilden zusammen mit den übrigen Schriften und den Aufsatzbänden das geschriebene Werk von überschaubarem Umfang, rund 40 Bände.

Daneben ist die Fülle der nachgeschriebenen Vorträge außerordentlich, in der Gesamtausgabe mehr als 250 Bände. Diese Vorträge waren alle frei gehalten und nicht zum Druck bestimmt. Ihre Herausgabe erfolgt nach von Rudolf Steiner nicht durchgesehenen Nachschriften. Sie enthalten jedoch den Ausbau und die Entfaltung der in den Schriften entwickelten Grundkonzeptionen nach den verschiedensten Richtungen und Lebensbereichen. Sie stellen in ihrer thematischen Mannigfaltigkeit auch heute noch eine nicht bewältigte Aufgabe dar.

So ist das Motiv dieser Taschenbuchreihe: unter den in unserer Zeit aktuellen Gesichtspunkten den Zugang zu verschiedenen im Vortragswerk verstreuten und nicht zusammenhängend ausgearbeiteten Themenkomplexen zu eröffnen und damit zugleich den Ansatz der anthroposophischen Erkenntnismethode an bestimmten Problemkreisen zu verdeutlichen; die jeweilige Zusammenstellung von Vorträgen beansprucht dabei inhaltlich keine Vollständigkeit.

Rudolf Steiner

Naturgrundlagen der Ernährung

Ernährung des Menschen I

Neun Vorträge
ausgewählt und herausgegeben
von Kurt Th. Willmann

Verlag Freies Geistesleben

Das vorliegende Werk basiert auf der deutschen Originalausgabe, die im Rudolf Steiner Verlag, Dornach/Schweiz, innerhalb der Rudolf Steiner Gesamtausgabe (GA) erschienen ist. Als Herausgeber zeichnet die Rudolf Steiner Nachlaßverwaltung, zu der das Rudolf Steiner Archiv und der Rudolf Steiner Verlag gehören. Damit die Tätigkeit des Rudolf Steiner Archivs und somit die Herausgabe von Rudolf Steiners Werk gewährleistet bleiben kann, ist das Archiv, das keine staatlichen oder anderen Beiträge erhält, ganz auf Spendengelder angewiesen. Zu diesem Zweck besteht ein Förderverein.

Weitere Informationen:
Rudolf Steiner Archiv, Postfach 135, CH-4143 Dornach
oder:
www.steinerarchiv.info

ISBN 978-3-7725-2106-5

Neuausgabe (5. Auflage) 2008

Verlag Freies Geistesleben,
Landhausstr. 82, 70190 Stuttgart
Internet: www.geistesleben.com

Einbandentwurf: Maria A. Kafitz, unter Verwendung
eines Fotos von Wolfgang Schmidt, Ammerbuch

Gesamtherstellung: Clausen & Bosse, Leck

Inhalt

Vorwort

Die Beiträge der Anthroposophie zur Ernährungsfrage lassen sich, wenn sie als Einzelvorträge aus dem Gesamtzusammenhang großer Zyklenwerke Rudolf Steiners herausgelöst und in dem Thema der «Ernährung des Menschen» in sachgemäßer Folge übersichtlich zusammengefaßt erscheinen sollen, verschiedenartigen geistigen Bereichen zuordnen.

I.

Die öffentlichen Werke der Geisteswissenschaft, insofern sie auf den Grundlagen der modernen Naturwissenschaften und Lebensanschauungen entwickelt sind, bilden als neuzeitlicher Goetheanismus den Grundstein des umfassenden Wissenschaftscharakters der Anthroposophie. Aus diesen «Erkenntniswurzeln»[1] erstreckten sich die allgemeinen Lebensinteressen Rudolf Steiners in weitverzweigte Gebiete des «sozialen Organismus». Mit zielsicherem Erkenntniswillen strebte sein Wissenschaftsgeist, von früher Jugend an auf die Lebensrealitäten des Zeitgeschehens, auf die «sozialen Forderungen der Gegenwart» gerichtet, hin. So atmen schon die «Veröffentlichungen aus dem literarischen Frühwerk» (Heft 17/1891, 1897)[2] zur «Reformbedürftigkeit der gegenwärtigen Gestalt der Landwirtschaft» (zur Schrift von C. Andresen: *Die Entwicklung des Menschen*) oder der Nachruf, dem amerikanischen Bodenreformer Henry George 1897 gewidmet, dem Autor von *Fortschritt und Armut*, mutvoll-realistischen, großherzigen Erkenntnisschwung.

Mit Staunen gewahrt man aus den späteren autobiographischen Erinnerungen Rudolf Steiners, wie lebensnah er in den Kindheits- und Jugendjahren durch eifrige Tätigkeit im bäuerlich-ländlichen Dasein Beobachtungskraft, Einsicht und freie Sinne für die wahren sozialen Wurzeln seiner Zeit auszubilden vermochte. Mitten in die neuerstehende technische Werkwelt seiner unmittelbaren Lebensumgebung strömte noch die Seelenkultur des österreichisch-ungarischen Naturerlebens ein; ihr dankte Rudolf Steiner seine Jugendkraft, die Widerstandskraft der physischen Gesundheit und seine Erkenntnisfrische.

Zur selben Zeit waren noch alte Weisheitsschätze und Erfahrungsinhalte der Vorzeit dort aufzufinden, so durch die Begegnungen mit dem ehrwürdigen Kräutersammler Felix Koguzki oder durch die Reisen in Siebenbürgen, wo sich die Grundgliederung der Bodenkulturen und Landschaftsstruktur in Baum- bzw. Waldbaukultur, Weide- und Hirtenkultur, Ackerbau-Getreidekultur und Gartenbau bis in die Neuzeit noch erhalten hatte.

Im letzten, unvollendeten Werk *Mein Lebensgang* (Kap. III., IV., XIII.) kommt die innere Dramatik des Erkenntnisringens am Beginn eines Wissenschaftsstudiums, durch solche Begegnungen wie blitzartig beleuchtet, zum Vorschein: «Vorher hatte ich mich damit geplagt, für die Naturerscheinungen Begriffe zu finden, von denen aus man einen solchen für das ‹Ich› finden könne. Jetzt wollte ich umgekehrt von dem ‹Ich› aus in das Werden der Natur einbrechen. Geist und Natur standen damals in ihrem vollen Gegensatz vor meiner Seele» ... «So ließ ich mich dann für Mathematik, Naturgeschichte und Chemie einschreiben.» Über seine Begegnung mit dem Kräutersammler schreibt er: «Wenn man mit ihm zusammen war, konnte man tiefe Blicke in die Geheimnisse der Natur tun. Er trug auf dem Rücken sein Bündel Heilkräuter; aber in seinem Herzen trug er die Ergebnisse, die er aus der Geistigkeit der Natur bei seinem Sammeln gewonnen hatte ... Mir blieb dieser Mann, auch als das Leben mich wieder von ihm weggeführt hatte, seelennahe ...» Zu den Erkenntnisbedürfnissen «insbesondere auf den naturwissenschaftlichen Gebieten» sagt er: «Ich fand überall Entgegenkommen, wenn ich in dieser Art das wissenschaftliche Leben pflegen wollte, *bis in das Medizinische hinein.*»

Was allerdings das Darinnenstehen in allen praktischen Lebenstätigkeiten der Jugendjahre für das Ausbilden eines gesunden höheren Erkenntnisstrebens wie auch für das Erfahrungsleben im Gesundheitswesen später bedeuten kann, findet 1924 in Unterweisungen zur Vertiefung der Heilkunst für Ärzte und Medizin-Studierende folgenden Ausdruck:[3] «Also dasjenige, was höhere Erkenntnis ist, das nimmt wirklich den ganzen Menschen in Anspruch; und derjenige bekommt keinen Eindruck von Imaginationen und Inspirationen, der nicht weiß, daß Imaginieren eine Arbeit ist, die dem physischen Arbeiten ganz gleich kommt, weil sie die Muskeln anstrengt, so daß ein wirkliches *Imaginieren ist wie ein wirkliches physisches Arbeiten*. Daher gibt es auch eine Korrelation zwischen einer physischen Arbeit und dem Imaginieren. Zum Beispiel, wenn ich da etwas Persönliches erwähnen darf: Ich habe immer gefunden, zum Imaginieren hat es ungeheuer viel beigetragen, daß ich als Knabe Holz gehackt habe, Kartoffeln ausgenommen habe, mit dem Erdspaten gearbeitet habe, gesät habe und ähnliches. ... Diese Dinge einmal gemacht zu haben, erleichtert das Wiederheraufbringen in die Muskeln, eine Anstrengung, um das Imaginieren leichter zu haben, gerade so, wie wenn Sie sonst etwas gewöhnt sind. So ist es, wenn Sie die Muskeln gerade in der Jugend angestrengt haben, wenn Sie später imaginieren wollen. Aber sehen Sie, da nutzen einem nicht Bewegungen, die nicht Arbeit sind.»

So findet sich von früh auf auch eine subtile Aufmerksamkeit für die Bereiche der sozialen Lebenshygiene (bereits «von meinem 8. bis zu meinem 18. Jahre»), die später in den Vorträgen und Fragebeantwortungen für die Arbeiter des Goetheanum-Baues in unmittelbar geistig-praktischer Sprache zum Ausdruck kommt: «Sehen Sie, die sanitären, die hygienischen Verhältnisse sind schon gerade von gewissen Gesichtspunkten aus außerordentlich interessant ... Man muß doch auch wiederum das vom Gesundheitsstandpunkt aus betrachten können.»[4] Als später, zu Pfingsten 1924, im Osten Schlesiens, in Koberwitz, auf den Gütern des Grafen und der Gräfin Keyserlingk durch den Landwirtschaftskursus der Impuls für eine grundlegende Erweiterung der zukünftigen Landwirtschafts- und Ernährungskultur[5] gegeben wird, kann Rudolf Steiner in Erinnerungen Bezug nehmen auf seine frühen Kindheitserlebnisse, seine mannigfache Tätigkeit und Herkunft aus dem kleinbäuerlichen Leben gerade da, wo er den mit dem Beginn des 20. Jahrhunderts aufbrechenden Verwandlungsprozeß in allen Strukturen, in allem «Gefüge der Natur» wie «des menschlich-moralischen Lebens» zu kennzeichnen beginnt: «Wir stehen auch vor einer großen Umwandlung des Inneren der Natur. Das, was aus alten Zeiten zu uns herübergekommen ist, was wir auch immer fortgepflanzt haben, sowohl an Naturanlagen, an naturvererbten Kenntnissen und dergleichen, wie auch dasjenige, was wir von Heilmitteln herüberbekommen haben, verliert seine Bedeutung. Wir müssen wiederum neue Kenntnisse erwerben, um in den ganzen Naturzusammenhang solcher Dinge hineinzukommen. Die Menschheit hat keine andere Wahl, als entweder auf den verschiedensten Gebieten aus dem ganzen Naturzusammenhang, aus dem Weltenzusammenhang heraus wieder etwas zu lernen oder die Natur ebenso wie das Menschenleben absterben, degenerieren zu lassen! Wie in alten Zeiten es notwendig war, daß man Kenntnisse hatte, die wirklich hineingingen in das Gefüge der Natur, so brauchen auch wir heute wieder Kenntnisse, die wirklich hineingehen in das Gefüge der Natur.» –

Es kann eigentlich weder auf dem ärztlich-heilerischen noch auf dem pädagogisch-erzieherischen Gebiet, ebensowenig auch für Landwirtschaft und Ernährung, auf frühere Formen und Erfahrungen des Bewußtseins zurückgegriffen werden. Die geistige Forschung der Neuzeit hat die Aufgabe, die für die physisch-anorganische Welt adäquate, naturwissenschaftlich-experimentelle Methode in entsprechender *Forschungsdisziplin für die organisch-lebendige, seelische und geistige Welt fortzuentwickeln*, wenn sie auf den Gebieten der Gesamtlebens-Natur, der Ökologie, des Landschaftswesens der Erde, der Landwirtschaft und Ernährung, der Erziehung und der Heilkunst im Sinn der Entwicklung, des Fortschrittes wirken will.[6]

II.

Daraus ergeben sich auch wie selbstverständlich die Grundlinien einer Gliederung anthroposophischer Beiträge zur *Ernährung des Menschen*. Wenn schon *die an die Öffentlichkeit gerichteten Vorträge* Rudolf Steiners über Ernährung zunächst in unmittelbarem Zusammenhang mit der Darstellung der Geisteswissenschaft über Kulturgeschichte und die geistige Erziehung des Menschen stehen, so lassen sich doch von vornherein gewisse *allgemein volkspädagogische und sozialhygienische Motive* erkennen, die späterhin innerhalb der Unterweisungen für die Arbeiter *(Arbeiter-Vorträge)* ausführliche Erweiterung ins einzelne erfahren. Hier konnte dann Rudolf Steiner am Goetheanum in

Dornach seine Intention, die ihn früher, zur Zeit der Jahrhundertwende, als Lehrer auf die Arbeiterbildungsschule in Berlin geführt hat, neu verwirklichen: eine geistige Forschung auf naturwissenschaftlicher Grundlage für die sozialproduktiven, arbeitenden Menschen auszubilden, die nicht wie jene materialistischen Theorien einer popularisierten Wissenschaftlichkeit in engen Agnostizismus und Atheismus, in die Erkenntnisgrenzen des «Ignoramus-Ignorabimus» einmünden müssen, sondern *aus gesundem Menschen-Verstand und Wahrheitsempfinden des sozialproduktiven Arbeitslebens* die Forschungsergebnisse der Wissenschaft lebensgemäß fruchtbar machen.[7] So kennzeichnen sich auch die für die Arbeiter am Goetheanum in Dornach von 1922 bis 1924 regelmäßig veranstalteten Lehrvorträge und Fragenbeantwortungen in ihren kulturgeschichtlichen Inhalten durch die Durchdringung mit der Evolutionsidee von Mensch, Erde und Kosmos, die aber nun *in allen Einzelgebieten des Naturwesens:* der Mineral-, Pflanzen-, Tier- und Menschenreiche, der Entwicklungsepochen der Menschheit, der Erdkunde, Astronomie und Weltevolution ausgeweitet wird. In diese Grundinhalte eingetaucht, erscheinen dann die volkspädagogischen Inhalte über das Wesen des Menschen, Grundfragen der Erziehung, von Gesundheit und Krankheit, insbesondere sehr ausführliche Ausführungen über Medizinisches, Heilkunst und Heilmittel-Substanzkunde, und so wird auch gesprochen über die *Gebiete der Ernährungsweise, der Nahrungsmittel, über Nutzen und Schäden von Genußmitteln*, so über Alkohol, Nikotin, Opium, Gifte in ihrer seelisch-geistigen und physisch-leiblichen Wirkung für die Menschenwesenheit.

Wollte man diese Sprache Rudolf Steiners vor den Arbeitern kennzeichnen, in welcher er, unabhängig von den abstrakten Dogmen und Konventionen in den Auffassungen seiner Wissenschaftsumwelt, eine freie geistige Weltanschauung als Wirklichkeitsinhalt darstellen konnte, so erweisen sich die sogenannten «Arbeiter-Vorträge» Rudolf Steiners als ein ganz neuer intern intendierter Erkenntnis- und Forschungsweg für volkspädagogisch-schöpferische, für volkstümlich-spirituelle Menschenbildung.[8] Und hier verdeutlichen sich auch schon hinsichtlich einer *anthroposophischen Ernährungslehre* die *goldenen Regeln*, die im Zusammenhang mit Pädagogik, Medizin, Landwirtschaft und auch innerhalb der esoterischen Selbsterziehung als einzigartige Maxime der Anthroposophie hervortreten.

Schon 1907 kündigt Rudolf Steiner als Geistes-Lehrer auf dem Gebiet theosophischer Vorträge eine praktische «Vitaesophia» an, die zunächst in dem Büchlein *Die Erziehung des Kindes vom Gesichtspunkte der Geisteswissenschaft*[9] eine Zusammenfassung findet. Man möchte diese kleine komprimierte Schrift den «wahren Juwel» der praktischen Menschenkunde nennen. In ihm erscheint jene Strahlenfülle wie in eins zusammengefaßt, die dann in der Freien Waldorfschul-Pädagogik in unerschöpflichem Glanz als pädagogisch-didaktische Menschenkunde durch Geisteswissenschaft aufleuchtet. Zugleich enthält sie die erste goldene Regel der geisteswissenschaftlichen Diätetik: der *Diätetik der Freiheit!*

«Durchgreifend ist für dieses Lebensalter (bis zum Zahnwechsel im 7. Jahre) eines zu berücksichtigen: nämlich, daß der physische Leib sich den Gradmesser schafft für das, was ihm zuträglich ist. Er tut das durch die entsprechende Ausgestaltung der Begierde. Man kann im allgemeinen sagen, daß der gesunde physische Leib nach dem Verlangen trägt, was ihm frommt. Und solange es auf den physischen Leib bei dem heranwachsenden Menschen ankommt, soll man intim hinsehen auf das, was das gesunde Verlangen, die Begierde, die Freude haben wollen.

Freude und Lust sind die Kräfte, welche die physischen Formen der Organe in der richtigsten Art herauslocken.

Man kann in dieser Richtung allerdings schon sündigen, indem man das Kind nicht in die entsprechenden physischen Verhältnisse zur Umgebung setzt. Das kann insbesondere in bezug auf die Nahrungsinstinkte geschehen. Man kann das Kind mit solchen Dingen überfüttern, daß es seine gesunden Nahrungsinstinkte vollständig verliert, während man sie ihm durch die richtige Ernährung so erhalten kann, daß es genau, bis auf das Glas Wasser, alles verlangt, was ihm unter gewissen Verhältnissen zuträglich ist, und alles zurückweist, was ihm schaden kann.

Die Geisteswissenschaft wird bis auf die einzelnen Nahrungsund Genußmittel alles anzugeben wissen, was hier in Betracht kommt, wenn sie zum *Aufbau einer Erziehungskunst* aufgerufen wird. Denn sie ist eine realistische Sache für das Leben ...!»

Haben wir durch unsere Kindheit und Jugend zunächst, durch die Geburt gegeben, Anteil an der Lebens- und Ernährungsweise innerhalb des Sozialorganismus von Familie, Schule usw., so erwacht für die meisten ein Bewußtsein der Ernährungsverantwortung für die eigenen, heranwachsenden Kinder und wird so als selbstlose Fürsorge des *Lebensunterhaltes* gerade im gemeinsamen Streben junger Eltern zu wachsamer, allgemeiner Lebenshygiene ausgebildet. Hier haben alle anthroposophischen Hinweise und Erfahrungen für die «Erziehung des Kindes vom Gesichtspunkt der Geisteswissenschaft» große Bedeutung. Hier können auch die im modernen, geistigen Jugendstreben wirksam werdenden Willenskräfte zur hygienischen Mitverantwortung an der allgemeinen Lebensführung aufgerufen werden; statt der Kräfte subjektiver Egoität wird das Interesse, die echte soziale Liebe aufgeweckt und durch geistige Orientierung zum allgemeinen sozialen Menschheitsbewußtsein erweitert.

Eines aber bedarf doch besonderer Beachtung: Sind auch von Anfang an alle ernährungsdiätetischen Hinweise der anthroposophischen Geistesforschung durch Rudolf Steiner auf die Grundbedingungen der neuzeitlichen naturwissenschaftlichen Erkenntnismethoden fundiert, so hat sich gleichzeitig mit allen pädagogischen und künstlerischen Impulsen und Richtlinien gemeinsam aus der Anthroposophie selbst schrittweise eine auf der modernen medizinischen Wissenschaft fußende Erweiterung geisteswissenschaftlicher Heilkunst aufgebaut. Schon im März 1911 hielt Rudolf Steiner den 8 Vorträge umfassenden Zyklus in Prag: «Eine okkulte Physiologie», aus dem tieferen Erkenntnisstreben anthroposophisch orientierter Ärzte, Therapeuten und Pharmakologen sowie der um eine spirituelle Heilweise bemühten Mitgliedschaft der Gesellschaft. Unter dem Motto «Unwissend bleiben bedeutet eine Versündigung gegen die göttliche Bestimmung» wird eine spirituelle Menschenkunde begründet mit Darstellungen über die menschliche Wesenheit, die menschliche Zweiheit, das innere Weltsystem des Menschen, die übersinnlichen Kraftsysteme, das Blut als Ausdruck und Werkzeug des menschlichen Ich, über das bewußte Leben des Menschen, die menschliche Form und Kraftgliederung u. a. Auf diesem esoterischen Fundament konnten sich dann folgerichtig die Stufen der medizinisch-therapeutischen Vortragswerke und Kurse aufbauen: *Geisteswissenschaft und Medizin;* 20 Vorträge 1920 (GA 312); *Geisteswissenschaftliche Gesichtspunkte zur Therapie*, 9 Vorträge 1921 (GA 313); *Physiologisch-Therapeutisches als Grundlage der Geisteswissenschaft. Zur Therapie und Hygiene* (GA 314); Ansprachen und Besprechungen mit Ärzten 1920 bis 1924.

Und kann es nicht als bedeutsames Schicksalszeichen erscheinen, wenn Rudolf Steiner noch drei Tage vor dem Tode «mit Freude und innerer Befriedigung» das Manuskript des Buches *Grundlegendes für eine Erweiterung der Heilkunst nach geisteswissenschaftlichen Erkenntnissen*[10] korrigieren konnte, das er in Zusammenarbeit mit der anthroposophischen Ärztin und Gründerin des Klinisch-Therapeutischen Instituts in Arlesheim/Dornach, Dr. Ita Wegman, als «grundlegendes» öffentliches Werk, als letztes seinem Gesamtwerk einfügte. Es erschien dann im September 1925, von Ita Wegman als Leiterin der Medizinischen Sektion der Freien Hochschule am Goetheanum/Dornach herausgegeben, und faßt in unvergleichlicher Meisterschaft die vorangegangenen Gebiete der Medizin, Therapie, Hygiene und Diätetik auf spirituell erweitertem Grund zusammen. Daraus entwickelt sich zuerst innerhalb der *Natura*, einer Zeitschrift zur Erweiterung der Heilkunst nach geisteswissenschaftlicher Menschenkunde (1926) eine Folge umfassender Beiträge zur Ernährungsfrage und aktuellen Diätetik, von der Medizinischen Sektion am Goetheanum herausgegeben, unter der Schriftleitung von Dr. med. Ita Wegman, Dr. Eugen Kolisko, Dr. W. Zeylmans v. Emmichoven, Dr. H. Walter, Dr. Grete Bockholt, Dr. E. Schickler. – Weitere Namen bedeutender anderer Autoren zur Diätetik seien noch genannt: Dr. Karl König, Dr. Rudolf Hauschka, Dr. G. Suchantke, Dr. F. Pfeiffer, E. M. Dank (siehe insbesondere *Natura* 1927, 1930).

Hand in Hand mit dem Sektionsbereich der Medizin hat sich innerhalb des letzten Lebens- und Wirkungsjahres Rudolf Steiners sein fundamentaler Beitrag für eine Erweiterung der Akker- und Landbaubewirtschaftung der Erde für die Gegenwart und Zukunft durch den sogenannten Landwirtschaftlichen Kurs und die Gründung des «Versuchsringes anthroposophischer

Landwirte» innerhalb der Naturwissenschaftlichen Sektion der Freien Hochschule am Goetheanum realisiert. Aus den inneren irdisch-kosmischen Bedingungen von Erdenfruchtbarkeit und Nahrungsqualität zugleich war von vornherein auch die Zusammenarbeit mit der Mathematisch-Astronomischen Sektion unter der Leitung von Dr. Elisabeth Vreede begründet. – So trugen zuletzt alle diese gemeinsamen Initiativen auch für eine neue Diätetik den wirklichen Charakter des geisteswissenschaftlichen Hochschulwesens im Sinne des einzigartigen Initiators dieses neuen Mysterien-Impulses.

Somit erfordert eine zweibändige Ausgabe diätetischer Hinweise zur Ernährungsfrage der Menschheit nicht nur eine folgerichtige, sachliche Gliederung aus dem inneren Wesen der Inhalte, sondern auch ausführliche inhaltliche und bibliographische Anmerkungen und Erläuterungen, die ihre ausgewählten, gegliederten Texte in den spirituell tragenden Rahmen des Gesamtwerks Rudolf Steiners, insbesondere des medizinisch-therapeutischen und landwirtschaftlichen, einbetten.

Damit werden die beiden «Ernährungs-Bände» für jeden, den wissenschaftlich Forschenden ebenso wie den im gesunden Sinn nach therapeutisch-hygienischer Lebensweise Strebenden, echte Arbeitswerke, echte Studienbücher sein müssen. Nur dadurch sind sie im Sinne des Autors Rudolf Steiner auch in der umfangreichen Taschenbuchreihe gerechtfertigt.

Während die im ersten Band wiedergegebenen Inhalte, wie eingangs schon begründet, mehr aus der Goetheschen Lebens- und Weltanschauung und aus den lebensnahen Kontakten der Forschung mit der Arbeit entwickelt erscheinen und unmittelbar aus dieser immer neu zu den öffentlich gültigen Wissenschaftserfahrungen Stellung nehmen und sich auch an die Öffentlichkeit wenden, bilden die Inhalte des zweiten Bandes (vornehmlich Vorträge für Mitglieder der Anthroposophischen Gesellschaft) interne Forschungsergebnisse der anthroposophischen Geisteswissenschaft und dringen so noch tiefer in die geistigen Daseinsrätsel von Mensch und Welt. Sie rühren dadurch auch noch unmittelbarer an den individuellen, moralischen Willensbereich des einzelnen Menschen, insofern die Verhaltensweise des freiheitsstrebenden Bewußtseins der Neuzeit den Standort für die eigene Lebensorientierung auf den Erkenntnisfundamenten, d.h. in sich selbst zu begründen sucht. Dieser Erkenntniswille wird auch auf dem Gebiet einer modernen Diätetik sich von wissenschaftlich-dogmatischen Theorien wie von kommerziell-zivilisatorischen Irrwegen zu befreien suchen und auf beiden Wegen: dem der Verantwortung für das Leben des Erdenorganismus und dem der Pflege menschlicher Gesundheit in der Ernährung, das freie moralische Gewissen zu kultivieren streben. Dies führt zu selbstverantwortlicher geistiger Erkenntnis-Schülerschaft und zu Anteilnahme an aller Erdennatur, nicht zuletzt zur Mitverantwortlichkeit für das Leben und Gedeihen der Mitmenschen, der Menschheit. Dadurch wird gerade im Gebiet der Ernährungsfragen Egoität in schöpferisches Interesse für die Gesamtsituation der Menschheitsernährung erweitert werden. Diesen Zielen will der Inhalt des zweiten Bandes dienen. Die in ihm wiedergegebenen Ernährungsvorträge Rudolf Steiners beschreiben die internen Grundlinien für eine soziale und therapeutische Diätetik, ihre Bedeutung für die geistige Entwicklung des Menschen sowie deren Wurzeln in einem neuorientierten Qualitäts-Anbau menschengemäßer Nahrungsmittel und die Wende der Menschheitsernährung in der Neuzeit so, wie sie aus der geisteswissenschaftlichen Forschung und Lebenserfahrung der Anthroposophie Rudolf Steiners fortentwickelt werden kann. Diese aus Anthroposophie begründeten Einsichten erweisen ihre Fruchtbarkeit durch die Lebenspraxis der heute in allen Erdteilen entwickelten biologisch-dynamischen Landwirtschaft, der in den anthroposophisch orientierten Institutionen: Schulen, Lehrstätten, Sanatorien, Krankenhäusern angewandten Diätetik und des erweiterten Heil- und Hygienewesens.

Die beiden Bände bilden, so sehr sie in ihren Texten und Anmerkungen zwei unterschiedene Aspekte und selbständige Stufen für das Studium darstellen, im Grunde eine Einheit. Das Nachwort des zweiten Bandes möchte sie mit dem Blick auf Perspektiven einer zukünftigen allgemeinen Diätetik und neuer Methoden zur Verwirklichung der Erdenfruchtbarkeit und Nahrungsqualität zusammenschauen.

Kurt Th. Willmann

Anmerkungen

1 Siehe Vortragszyklus *Anthroposophie, ihre Erkenntniswurzeln und Lebensfrüchte* (Stuttgart 1921); Rudolf-Steiner Gesamtausgabe (GA) 78.

2 In: *Gesammelte Aufsätze zur Kultur- und Zeitgeschichte 1887–1901*, GA 31.

3 Vortrag vom 8. 1. 1924, in: *Meditative Betrachtungen und Anleitungen zur Vertiefung der Heilkunst*, GA 316.

4 Vortrag vom 1. 3. 1924: «Einwirkung der Friedhofsatmosphäre auf den Menschen»; in: *Die Geschichte der Menschheit und die Weltanschauungen der Kulturvölker*, GA 353

5 *Geisteswissenschaftliche Grundlagen zum Gedeihen der Landwirtschaft. Landwirtschaftlicher Kursus*, GA 327.

6 Vgl. das Nachwort im Folgeband *Ernährung des Menschen* II (Thementaschenbuch Bd. 7).

7 Siehe R. Steiner, *Mein Lebensgang*, Kap. XXVIII; GA 28.

8 Siehe Vortrag vom 4. 5. 1918: «Das erwartungsvolle Leben», in: *Der Tod als Lebenswandlung,* GA 182.

9 Einzelausgabe: *Die Erziehung des Kindes,* Dornach 2003; auch in: *Lucifer-Gnosis.* Grundlegende Aufsätze zur Anthroposophie und Berichte aus den Zeitschriften *Luzifer* und *Lucifer-Gnosis* 1903–1908, GA 34.

10 Erschienen als GA 27.

Ernährungsfragen im Lichte der Geisteswissenschaft

Berlin, 17. Dezember 1908

Es erscheint manchem sonderbar, wenn die Geisteswissenschaft spricht über dasjenige, was mit einem gewissen Recht als das Materiellste, als das Ungeistigste von vielen angesehen wird: über die Ernährung. Es gibt Menschen, die ihren besonderen Idealismus, ja ihre besondere Geistigkeit dadurch andeuten wollen, daß sie sagen: Ach, wir kümmern uns nur um dasjenige, was erhaben ist über die Fragen, die mit dem materiellen Leben zusammenhängen. – Solche Menschen glauben dann auch – und in gewisser Beziehung mögen sie recht haben –, daß es im Grunde genommen für die Entwickelung im Idealen und Spirituellen gleichgültig sei, wie der Mensch seine Bedürfnisse in bezug auf das Leibliche befriedigt. Anders urteilt die materialistische Denkweise. Ein großer Philosoph des neunzehnten Jahrhunderts hat einen Ausspruch getan, der viel wiederholt worden ist und der bei vielen Menschen, die geistig idealistisch gesinnt sind, Schauer und Entsetzen hervorruft, den Ausspruch, den Feuerbach[1] getan hat: «Der Mensch ist, was er ißt.» Die meisten Menschen fassen das so auf – und der materialistische Sinn wird durchaus damit einverstanden sein –, der Mensch sei eine Zusammenfassung der Materien, die er seinem Leibe zuführt, und dadurch entstehe nicht nur das Wechselspiel seines organischen Lebens, sondern auch dasjenige, was in seinem Geiste sich darbietet.

Wenn Außenstehende manchmal dieses oder jenes mehr oder weniger oberflächlich hören über Anthroposophie oder Geisteswissenschaft, so glauben sie, daß sich die Anhänger viel zu viel mit

Essen, mit Ernährung beschäftigen. Ein Außenstehender kann es nicht begreifen, warum die Anthroposophen gar so viel darauf halten, ob einer dies oder jenes ißt. Es soll nicht geleugnet werden, daß in manchen anthroposophischen Kreisen, bei denen, die auf leichte Weise so recht tief in das geistige Leben hineinwollen, recht viel Unklarheit herrscht. Glaubt doch mancher, daß er nur das oder das meiden solle, nicht essen oder trinken solle, um allein dadurch zu gewissen höheren Stufen der Erkenntnis hinaufzukommen! Das ist ebenso ein Irrtum, wie jene eben charakterisierte Auffassung des Ausspruches von Feuerbach: «Der Mensch ist, was er ißt.» Zum mindesten ist es eine einseitige Auffassung.

Aber in gewisser Weise kann gerade die Geisteswissenschaft diesen Satz für sich in Anspruch nehmen, nur in einer etwas anderen Art, als es von den Materialisten gemeint ist, und zwar in einer zweifach anderen Art. Zunächst haben wir ja schon öfters betont, daß für die Geisteswissenschaft alles um uns herum der Ausdruck eines Geistigen ist. Ein Mineral, eine Pflanze oder irgend etwas in unserer Umgebung ist nur seiner Außenseite nach stofflich. Wie das Glied eines Menschen ist es der Ausdruck, die Geste des Geistes. Hinter allem Materiellen ist Geistiges, auch hinter der Nahrung. Mit ihr nehmen wir nicht nur das auf, was materiell vor unseren Augen sich ausbreitet, sondern wir essen mit das, was Geistiges dahinter ist. Wir treten durch die Ernährung durch dieses oder jenes materielle Substrat in Beziehung zu diesem oder jenem Geistigen, das dahintersteckt. Das ist eine ganz oberflächliche Charakteristik. Aber schon wer dieses erfaßt, wird in gewisser Beziehung den materialistischen Satz zugeben können: Der Mensch ist, was er ißt. Nur muß zugleich mit dem materiellen Prozeß ein geistiger verstanden werden.

Das ist aber nur die eine Art, wie wir uns über diese Fragen im geisteswissenschaftlichen Sinne orientieren können. Wenn die Geisteswissenschaft einen gewissen Wert legt und Nachforschungen anstellt auf und über die Natur der Nahrungsmittel, so geschieht das, weil sich hier eine ganz eigenartige Perspektive in bezug auf die Beziehung des Menschen zur Natur herausstellt. Der Mensch steht allerdings dadurch in einer Beziehung zur Natur, daß er die umgebende Natur in gewisser Weise aufnimmt, sich zusammensetzt mit dem, was darinnen ist. Und es entsteht die Frage: Wird der Mensch nicht dadurch, daß er so sich aneignet, was draußen ist, hingegeben an diese Kräfte, die draußen wirken, und kann er sich freimachen von diesen Kräften? Gibt es eine Möglichkeit, daß der Mensch frei wird von dieser seiner Umgebung durch seine Nahrung, so daß er eine gewisse Macht und einen gewissen Einfluß erhält über die Umgebung? Könnte es nicht so sein, daß der Mensch in der Tat das sein könnte, was er ißt, durch eine gewisse Art der Ernährung – und könnte es nicht so sein, daß durch eine andere Art der Ernährung der Mensch sich frei macht von dem Zwange, der durch die Ernährung auf ihn ausgeübt wird? Also entsteht für die Geisteswissenschaft die Frage: Wie muß die Ernährung des Menschen gestaltet sein, damit er frei wird von dem Zwange der Ernährung, damit er immer mehr Herr und Gebieter über das wird, was in ihm vorgeht?

Indem wir diese Frage heute vor uns hinstellen, muß einiges über die ganze Stellung der Geisteswissenschaft zu diesen Fragen gesagt werden. Diese Frage, auch die über Gesundheitsfragen, muß so aufgefaßt werden, daß der Geisteswissenschaft in keiner Weise eine Agitation nach dieser oder jener Richtung zugeschrieben wird. Wer etwa glaubt, daß mit dem, was heute gesagt werden soll, agitiert wird für oder gegen diese oder jene Nahrung oder Genußmittel, der hat eine im höchsten Grade irrige Ansicht. Keiner sollte heute mit der Ansicht von hier fortgehen, daß hier eingetreten würde für oder gegen Abstinenz, Vegetarismus, Fleischkost. Alle diese Fragen über Dogmen, über etwas Alleinseligmachendes, haben mit dem innersten Gefühlsnerv der Geisteswissenschaft gar nichts zu tun. Wir wollen nicht agitieren, nicht den Menschen nach dieser oder jener Weise kommandieren; wir wollen nur sagen, wie die Dinge wirklich sind. Dann mag sich jeder sein Leben einrichten, wie er will, nach diesen großen Gesetzen des Daseins. Also der heutige Vortrag will einzig und allein sagen, was auf diesem Gebiete wirklich ist. Auf der anderen Seite bitte ich sehr, zu berücksichtigen, daß ich nicht für anthroposophische Kreise im engeren Sinne spreche, die eine gewisse Entwickelung durchmachen wollen und spezielle Bedingungen einzuhalten haben. Heute wird die Frage im allgemeinmenschlichen Sinne erörtert werden.[2] Bei dem großen Umfange des Themas wird nur einzelnes herausgenommen werden können, und vor allem muß alles das vermieden werden, was mit dem Gesundheitlichen des Lebens zusammenhängt. Das werden wir in dem nächsten Vortrag hören.

Wir werden uns heute mit der Ernährung im engeren Sinne befassen. Deshalb wird der Atmungsprozeß hier nicht berücksichtigt werden. Der Mensch hat, um den Lebensprozeß seines Organismus zu unterhalten, aufzunehmen: Eiweiß, Kohlehydrate, Fette und Salze. Sie wissen, daß der Mensch die Bedürfnisse, die sein Organismus nach dieser Richtung hat, durch die sogenannte gemischte Kost befriedigt. Er übernimmt diese Hauptbestandteile seiner Ernährung zum Teil aus dem tierischen, zum Teil aus dem pflanzlichen Reiche. Es gibt unter unseren heutigen Zeitgenossen viel mehr Verteidiger einer gemischten Nahrung als einer einseitigen Kost, sagen wir etwa einer nur tierischen oder nur pflanzlichen Kost. Wir müssen uns fragen: Wie stellt sich dasjenige, was die Gesetze unserer Umgebung sind, aus denen der Mensch seine Nahrung nimmt, zu den wahren Kräften und

Bedürfnissen des menschlichen Organismus? Heute ist hier nur vom Menschen die Rede, nicht von den Tieren.[3]

Der Mensch ist leicht geneigt, nach den sogenannten wissenschaftlichen Resultaten seiner Zeit seinen Organismus recht materiell aufzufassen. Die Geisteswissenschaft muß das ersetzen durch die Gesetze der geistigen Zusammenhänge. Wenn auch theoretisch nicht immer, so liegt doch praktisch dem Verfahren, das eingeschlagen wird, mehr oder weniger unbewußt der Gedanke zugrunde, daß der menschliche Organismus mehr oder weniger nur aus dem physischen Leib, den chemischen Stoffen in ihrer Wechselwirkung aufeinander bestehe. Man verfolgt diese Substanzen bis in ihre chemischen Elemente hinein und versucht, nachdem man erkannt hat, wie diese Substanzen wirken, sich ein Bild davon zu machen, wie sie chemisch weiterwirken könnten in der großen Retorte, als die man den Menschen ansieht. Es soll nicht behauptet werden, daß nicht etwa viele schon hinaus wären über die Ansicht, der Mensch sei nur eine große Retorte. Es kommt nicht auf die Theorien an, sondern auf die Denkgewohnheiten. Dem wahren Praktiker kommt es nicht darauf an, was einer denkt, sondern was für Wirkungen seine Gedanken haben. Darauf kommt es an. Ob einer Idealist ist oder nicht, darauf kommt es nicht an, sondern für das Leben ist es wichtig, ob einer fruchtbare Gedanken hat, die so sind, daß das Leben gedeiht und fortschreitet. Gerade das darf nicht außer acht gelassen werden, daß Geisteswissenschaft auch nach dieser Richtung hin nichts zu tun hat mit einem Dogma, mit irgendeinem Glauben. Mag einer noch so sehr die spirituellsten Theorien vertreten: darauf kommt es nicht an, sondern darauf, daß diese Gedanken fruchtbar sind, wenn er sie ins Leben überführt. Wenn also einer sagt, er sei nicht Materialist, er glaube an die Lebenskraft, ja sogar an einen Geist, aber in der Ernährungsfrage immer so vorgeht, als ob der Mensch eine große Retorte wäre, so kann seine Weltanschauung nicht fruchtbar werden. Nur dann hat Geisteswissenschaft über diese konkreten Fragen etwas zu sagen, wenn sie selbst in das einzelne hineinzuleuchten vermag, und das kann sie sowohl in bezug auf die Ernährungs- wie auch in bezug auf die Gesundheitsfragen.

Wir müssen uns wieder über die vielgliedrige menschliche Wesenheit[4] klarwerden. Für den Geistesforscher ist der Mensch nicht nur das physische Wesen, das man mit Augen sehen, mit Händen greifen kann, sondern dieser physische Leib ist nur ein Teil der menschlichen Wesenheit. Dieser physische Leib besteht allerdings aus denselben chemischen Stoffen, die in der Natur ausgebreitet sind. Aber die menschliche Natur hat höhere Glieder. Schon der nächste Teil der menschlichen Wesenheit ist übersinnlich, hat eine höhere Realität als der physische Leib. Er liegt dem physischen Leib zugrunde, er ist durch das ganze Leben hindurch ein Kämpfer gegen den Zerfall des physischen Leibes. In dem Augenblick, wo der Mensch durch die Pforte des Todes schreitet, ist der physische Leib nur seinen eigenen Gesetzen unterworfen und zerfällt. Im Leben kämpft der Lebensleib gegen den Zerfall. Er gibt den Stoffen und Kräften andere Richtungen, andere Zusammenhänge als sie haben würden, wenn sie nur sich selber folgten. Für das hellseherische Bewußtsein ist dieser Leib ebenso sichtbar wie der physische Leib für das Auge. Diesen Lebensleib oder Ätherleib hat der Mensch mit der Pflanze gemeinsam.

Wir wissen aus anderen Vorträgen, daß der Mensch noch ein drittes Glied seiner Wesenheit hat, den astralischen Leib. Wie ist er? Er ist der Träger von Lust und Leid, Begierden, Trieben und Leidenschaften, von alledem, was wir unser inneres Seelenleben nennen. Alles das hat seinen Sitz im astralischen Leib. Er ist geistig wahrnehmbar, wie der physische Leib für das physische

Bewußtsein. Diesen astralischen Leib hat der Mensch mit den Tieren gemeinsam.

Das vierte Glied ist der Träger des Ichs, des Selbstbewußtseins. Dadurch ist der Mensch die Krone der Schöpfung, dadurch ragt er hinaus über die Dinge der Erde, die ihn umgeben. So steht der Mensch vor uns mit drei unsichtbaren Gliedern und einem sichtbaren Glied. Diese wirken immer durcheinander und miteinander. Alle wirken auf jedes einzelne und jedes einzelne wirkt auf alle andern. So kommt es, daß der physische Leib – ich sage noch einmal in Parenthese, daß das alles nur für den Menschen gilt –, so wie er vor uns steht, ein Ausdruck ist in allen seinen Teilen auch von den unsichtbaren Gliedern der menschlichen Natur. Dieser physische Leib könnte in sich nicht die Glieder haben, die der Nahrung, der Fortpflanzung, die dem Leben überhaupt dienen, wenn er nicht den Ätherleib hätte. Alle Organe, die zur Ernährung und Fortpflanzung dienen, die Drüsen und so weiter, sind der äußere Ausdruck des Ätherleibes. Sie sind das, was der Ätherleib am physischen Leibe baut. Unter anderem ist im physischen Leibe das Nervensystem der Ausdruck des astralischen Leibes. Hier ist der astralische Leib der Akteur, der Aufbauer. Wir können uns vorstellen, gerade wie eine Uhr oder eine Maschine von einem Uhrmacher oder von einem Maschinenbauer aufgebaut sind, so sind es die Nerven von dem astralischen Leibe. Und die Eigenart der menschlichen Blutzirkulation, der Bluttätigkeit, sie ist der äußere physische Ausdruck des Ich-Trägers, des Trägers des Selbstbewußtseins. So ist auch der menschliche physische Leib in gewisser Weise viergliedrig. Er ist ein Ausdruck der physischen Glieder, also seiner selbst, und der drei höheren, unsichtbaren Glieder. Rein physisch sind die Sinnesorgane; die Drüsen sind der Ausdruck für den Ätherleib, das Nervensystem für den astralischen Leib und das Blut für das Ich.

Sehen wir den Menschen im Gegensatz zur Pflanze an, so steht die Pflanze als zweigliedrige Wesenheit vor uns. Die Pflanze hat einen physischen Leib und einen Ätherleib. Wir vergleichen nun den Menschen mit der Pflanze, indem wir allseitig vorgehen und das Innere, Geistige berücksichtigen. Wir setzen in Beziehung den menschlichen viergliedrigen Organismus mit dem zweigliedrigen Organismus der Pflanzen. Zum Unterstützen können wir ausgehen von physischen, bekannten Tatsachen. Wir können darauf hinweisen, wie die Pflanze ihren Organismus aufbaut. Sie setzt unorganische Stoffe zusammen zu ihrem Körper. Sie hat die Kraft, aus einzelnen unlebendigen Bestandteilen ihren Leib in der wunderbarsten Weise zusammenzugliedern. Wir brauchen ja nur einmal zu sehen, wie die Pflanze in merkwürdiger Wechselwirkung steht zum Atmungsprozeß. Der Mensch atmet Sauerstoff ein und gibt Kohlensäure von sich. Diese, die für den Menschen unbrauchbar ist, kann die Pflanze aufnehmen. Sie behält den Kohlenstoff zurück zum Aufbau ihres Organismus und gibt den Sauerstoff zum größten Teil wieder zurück. Aber sie braucht etwas dazu, was von vielen vielleicht nicht als etwas Besonderes aufgefaßt wird: sie braucht das Sonnenlicht. Ohne das Sonnenlicht könnte sie nicht ihren Organismus aufbauen. Das Licht, das zu unserem Entzücken zu uns strömt, das uns auch seelisch so beleben kann, ist zugleich der großartige Helfer zum Aufbau des pflanzlichen Organismus. Wir sehen, wie da ein Wunderwerk vor sich geht, wie das Sonnenlicht hilft, ein organisches Wesen aufzubauen. Was unsere Augen erst wirksam macht, das ist es, was der Pflanze im Aufbau hilft.

Der Mensch hat außer dem physischen und dem Ätherleibe noch den astralischen Leib. Den hat die Pflanze nicht. Das, was dem Sonnenlichte hilft, die Pflanzen in so wunderbarer Weise aufzubauen, das ist der Ätherleib. Dieser ist auf der einen Seite den Stoffen zugewandt. Der Mensch könnte seinen physischen Organismus nicht entwickeln, wenn er nicht etwas täte, was in gewisser Weise entgegengesetzt ist dem, was die Pflanze tut. Schon in dem Atmungsprozeß tut der Mensch etwas Gegensätzliches. Der Mensch macht hier schon den gegenteiligen Prozeß durch. Dasselbe können wir sagen in bezug auf alle Ernährung des Menschen. Wir können sagen: Die Ernährung muß so vor sich gehen, daß alles, was in der Pflanze aufgebaut wird, im Menschen wieder abgebaut wird. Der Prozeß im Menschen ist ein sehr eigentümlicher. Wenn nur der Ätherleib einen physischen Leib aufbaute, so würde niemals Bewußtsein, Seelenempfindung auftreten. Es muß innerlich immer wieder zerstört, abgebaut werden, was der Ätherleib aufgebaut hat. So ist zwar der Ätherleib ein Kämpfer gegen den Zerfall, aber trotzdem tritt immer ein stückweiser Zerfall ein. Und dasjenige, was diesen Zerfall bewirkt, was immer den Menschen hindert, Pflanze zu sein, das ist der astralische Leib.

Das Sonnenlicht und der menschliche astralische Leib sind in gewisser Weise zwei entgegengesetzte Dinge. Für den, der mit hellseherischem Bewußtsein des Menschen astralischen Leib kennenlernt, für den ist der astralische Leib ein inneres Licht, das geistiger Art ist, für das äußere Auge unsichtbar. Ein geistiger Lichtleib ist dieser astralische Leib. Er ist der Gegensatz zu dem äußeren, äußerlich leuchtenden Licht. Denken Sie sich einmal das Sonnenlicht immer schwächer werdend, bis es erlischt, und lassen Sie es jetzt noch weiter nach der anderen Seite gehen, lassen Sie es negativ werden, so haben Sie inneres Licht. Und dieses innere Licht hat die entgegengesetzte Aufgabe als das äußere Licht, das aus anorganischen Stoffen den pflanzlichen Leib aufbauen soll. Das innere Licht, das die partielle Zerstörung einleitet, durch die allein Bewußtsein möglich ist, bringt den Menschen zu einer höheren Stufe, als die Pflanze sie einnimmt, dadurch, daß der

Prozeß der Pflanzen in einen entgegengesetzten verwandelt wird. So steht der Mensch durch sein inneres Licht in einem gewissen Gegensatz zur Pflanze. Das ist die Sache geistig aufgefaßt, und wir würden bei weiterer Betrachtung sehen, wie die durch den astralischen Leib bewirkte Zerstörung durch das Ich weiter fortgesetzt wird. Aber das braucht uns heute nicht weiter zu beschäftigen.

Nehmen wir jetzt das Verhältnis des Menschen zur Pflanze, wenn es so real wird, daß der Mensch seine Nahrungsstoffe aus der Pflanze aufnimmt. Er bildet in sich selber für den ganzen Weltprozeß eine Fortsetzung der Pflanze. Was durch das Sonnenlicht aufgebaut wird, das zerstört der astralische Leib zwar immer wieder, aber er gliedert dadurch dem Menschen das Nervensystem ein und erhebt dadurch das Leben zu einem bewußten. So ist der astralische Leib dadurch, daß er ein negativer Lichtleib ist, der andere Pol, der dem pflanzlichen entgegengesetzt ist. Diesem Prozeß des Aufbauens des Pflanzenorganismus liegt ein Geistiges zugrunde, denn die Geisteswissenschaft zeigt uns immer mehr, wie das, was uns als Licht erscheint, auch nur der äußere Ausdruck eines Geistigen ist. Durch das Licht fließt uns fortwährend Geistiges zu, das Licht der Geister fließt uns zu. Was sich hinter diesem physischen Licht verbirgt, das ist es, was in Teile zerteilt auch im astralischen Leibe erscheint. Äußerlich im Sonnenlichte erscheint es in seiner physischen Form, im astralischen Leibe in astralischer Weise. Das Geistige des Lichtes arbeitet in uns innerlich am Aufbau unseres Nervensystems. So wunderbar wirken zusammen das pflanzliche und das menschliche Leben.

Nehmen wir nun an, der Mensch tritt durch die Nahrung in ein Verhältnis mit der tierischen Welt. Dann ist die Sache anders. In dem Wesen, dem er dann seine Nahrungsmittel entnimmt, ist in gewisser Weise der Prozeß schon vollzogen. Was er sonst jungfräulich und frisch von der Pflanze entnimmt, das ist im Tiere schon teilweise umgewandelt, schon vorbereitet. Denn auch das Tier gliedert sich schon einen astralischen Leib und ein Nervensystem ein. So nimmt der Mensch dann etwas auf, was ihm nicht jungfräulich entgegentritt, sondern was den Prozeß schon durchgemacht hat, was schon astralische Kräfte aufgenommen hat. Was im Tiere lebt, das hat schon in sich entwickelte Kräfte des Astralischen. Nun könnte man glauben, daß dadurch dem Menschen Arbeit erspart würde. Dieser Gedanke ist aber nicht ganz richtig. Denken Sie sich einmal folgendes: Ich mache aus verschiedenen Gerätschaften ein Haus. Ich nehme die ursprünglichen Gerätschaften. Da kann ich das Haus ganz nach meinen ursprünglichen Intentionen aufbauen. Nehmen wir aber an, drei oder vier andere Personen haben schon daran stückweise gearbeitet und nun soll ich daraus ein Ganzes machen. Wird mir das die Arbeit erleichtern? Nein, ganz gewiß nicht. Sie werden in einer weitverbreiteten Literatur lesen, daß dem Menschen dadurch eben die Arbeit erleichtert würde, daß er etwas aufnimmt, an dem schon vorgearbeitet ist. Aber der Mensch wird gerade dadurch ein beweglicheres, selbständigeres Wesen, daß er das Ursprüngliche aufnimmt.

Noch ein Bild: Jemand hat eine Waage mit zwei Waagschalen. Gleiche Gewichte halten sich das Gleichgewicht. Auf beiden Seiten mögen fünfzig Pfund liegen. Aber so ist es nicht immer. Ich kann eine Waage nehmen, auf der das Gewicht zu verschieben ist. Wir haben dann in doppelt so großer Entfernung nur halb so großes Gewicht nötig. Hier wird das Gewicht durch die Entfernung bestimmt. Ebenso kommt es nicht nur auf die Menge der Kräfte an, sondern besonders auf die Feinheit der Stoffe. Das Tier verarbeitet die Stoffe in unvollkommenerem Sinne. Was da aufgenommen wird vom Menschen, wirkt fort durch das, was durch den Astralleib des Tieres daran geschehen ist, und das hat der Mensch dann erst zu überwinden. Aber weil ein Astralleib so gewirkt hat, daß in einem bewußten Wesen bereits ein Prozeß sich abgespielt hat, so bekommt der Mensch etwas in seinen Organismus hinein, was auf sein Nervensystem einwirkt.

Das ist der Grundunterschied zwischen Nahrung aus dem Pflanzenreich und Nahrung aus dem Tierreich. Nahrung aus dem Tierreich wirkt in ganz spezifischer Weise auf das Nervensystem und damit auf den Astralleib. Aber bei pflanzlicher Nahrung bleibt das Nervensystem unberührt durch etwas Äußeres. Der Mensch muß sich dann allerdings auch alles selber verdanken in bezug auf das Nervensystem. Dadurch aber durchströmen die Wirkungen seiner Nerven nicht fremde Produkte, sondern nur das, was in ihm selbst urständet. Wer weiß, wie viel im menschlichen Organismus vom Nervensystem abhängt, der wird verstehen, was das heißt. Wenn der Mensch sein Nervensystem selbst aufbaut, so ist es voll empfänglich für das, was der Mensch ihm zumuten soll in bezug auf die geistige Welt. Seiner Nahrung aus der Pflanzenwelt verdankt der Mensch das, daß er hinaufblicken kann zu den großen Zusammenhängen der Dinge, die ihn erheben über die Vorurteile, die aus den engen Grenzen des persönlichen Seins entspringen. Überall, wo der Mensch frei und unbekümmert aus den großen Gesichtspunkten heraus Leben und Denken regelt, da verdankt er diesen raschen Überblick seiner Nahrungsbeziehung zur Pflanzenwelt. Da, wo der Mensch durch Zorn, Antipathie, durch Vorurteile sich hinreißen läßt, da verdankt er das seiner Nahrung aus der Tierwelt.

Es soll hier aber nicht agitiert werden für pflanzliche Nahrung. Im Gegenteil: Die tierische Nahrung war dem Menschen notwendig und ist vielfach noch heute notwendig, weil der Mensch auf der Erde fest sein sollte, ins Persönliche eingeklemmt sein sollte. Alles, was den Menschen zu seinen persönlichen Interessen gebracht hat, das hängt zusammen mit der tierischen Nahrung. Daß es Menschen gegeben hat, die Kriege geführt haben, die Sympathie und Antipathie, sinnliche Leidenschaften zueinander hatten, das kommt her von der tierischen Nahrung. Daß aber der Mensch nicht in den engeren Interessen aufging, daß er allgemeine Interessen fassen kann, das verdankt er seinen Beziehungen zur Pflanzenwelt in bezug auf die Nahrung. So gehen ja auch bei gewissen Völkern, die vorzugsweise pflanzliche Nahrung nehmen, die Anlagen mehr zum Spirituellen, während andere Völker mehr Tapferkeit, Mut, Kühnheit entwickeln, die ja auch zum Leben nötig sind. Diese Dinge sind ohne persönliches Element nicht zu denken, und dieses ist nicht möglich ohne tierische Nahrung.

Wir sprechen heute über diese Fragen von ganz allgemein menschlichem Standpunkte aus. Aber das macht uns klar, daß der Mensch nach dieser oder jener Seite ausschlagen kann, sich also auch in seine persönlichen Interessen hineinversenken kann durch die tierische Nahrung. Dadurch wird sein Sinn getrübt in bezug auf die große Überschau des Daseins. Man sieht meistens nicht, wie es in der Nahrung begründet ist, wenn der Mensch sagt: Nun weiß ich wieder nicht, wie soll ich dies oder das machen, wie hat er es gemacht? – Diese Unmöglichkeit des Überschauens der Zusammenhänge kommt von der Nahrung her. Vergleichen Sie das mit einem, der große Zusammenhänge überschauen kann. Sie können dann auf die Nahrung dieser Menschen und vielleicht auch auf die Nahrung der Vorfahren zurückblicken. Ganz anders ist ein Mensch, der schon in seiner Vorfahrenreihe ein jungfräuliches Nervensystem hat. Dieser Mensch hat einen anderen Sinn für die großen Zusammenhänge. Ein Leben kann da manchmal das gar nicht zerstören, was die Vorfahren begründet haben. Wenn da auch ein Mensch, der zum Beispiel von Bauern abstammt, doch das aufstachelt, was er in sich hat, so ist es eben nur durch das Fleisch herausgekommen, weil er empfindlicher war.

Der Fortschritt wird darin bestehen, daß der Mensch, insofern der Eiweißbedarf nicht in ihm, in der menschlichen Natur selbst zubereitet ist, sich in der tierischen Nahrung beschränkt auf dasjenige, was noch nicht von Leidenschaften durchglüht ist, wie Milch. Die Pflanzennahrung wird einen immer weiteren Raum einnehmen in der menschlichen Nahrung.

In bezug auf einzelne Nahrungsmittel können wir gewisse Vorzüge der Pflanzenkost hervorheben. Wenn der Mensch sich sein Eiweiß aus der Pflanzenkost holt, wobei allerdings härtere Arbeit erforderlich ist, so entwickelt er Kräfte, die sein Nervensystem frischer machen. Vieles, dem die Menschheit entgegengehen würde, wenn die Fleischnahrung überhand nähme, wird vermieden durch vorzugsweises Berücksichtigen der Pflanzenkost. An der vegetarischen und animalischen Nahrung können wir sehen, wie gegensätzlich sie wirken. Zur Illustration können wir folgendes sagen:[5] Sehen wir uns den physischen Prozeß an unter dem Einfluß von Fleischnahrung. Die roten Blutkörperchen werden schwer, dunkler, das Blut hat eine größere Neigung zu gerinnen. Es bilden sich in leichterer Weise Einschläge von Salzen, von Phosphaten. Bei vorzugsweise pflanzlicher Nahrung ist die Senkungskraft der Blutkörperchen viel geringer. Es wird dem Menschen möglich, das Blut nicht bis zur dunkelsten Färbung kommen zu lassen. Dadurch aber ist er gerade imstande, vom Ich aus den Zusammenhang seiner Gedanken zu beherrschen, während schweres Blut ein Ausdruck dafür ist, daß er sklavisch hingegeben ist an das, was seinem astralischen Leibe durch die Tiernahrung eingegliedert ist. Dieses Bild zeigt uns durchaus als äußeren Wahrheitsausdruck, was wir sagen wollten. Der Mensch wird durch das Verhältnis zur Pflanzenwelt innerlich kräftiger.

Durch Fleischnahrung gliedert er sich etwas ein, was nach und nach zu wirklichen Fremdstoffen wird, die eigene Wege gehen in ihm. Das wird vermieden, wenn die Nahrung vorzugsweise aus Pflanzen besteht. Wenn die Stoffe in uns eigene Wege gehen, so üben sie gerade Kräfte aus, die hysterische, epileptische Zustände hervorrufen. Weil das Nervensystem diese Imprägnierungen von außen erhält, verfällt es den verschiedenartigen Nervenkrankheiten. So sehen wir, wie in gewisser Beziehung «der Mensch ist, was er ißt».

In Einzelheiten wäre noch viel mehr nachweisbar, aber durch zwei Beispiele kommen wir darauf, daß man nicht einseitig sein darf. Ein einseitiger Vegetarier könnte sagen: «Wir dürfen nicht Milch, Butter und Käse genießen.» Aber die Milch ist ein Produkt, an dem im Tiere bei der Erzeugung vorzugsweise der Ätherleib beteiligt ist. Der Astralleib ist zum geringsten Teile daran beteiligt. Der Mensch kann ja in den ersten Zeiten seines Lebens als Säugling nur von Milch leben. Da ist alles darinnen, was er braucht. Bei der Bereitung der Milch kommt der astralische Leib nur in seiner Grenze in Betracht. Wenn man in höherem Alter hauptsächlich Milch, womöglich ausschließlich Milch genießt, so erzielt man damit eine ganz besondere Wirkung.[5a] Weil der Mensch dann nichts aufnimmt, was schon äußerlich bearbeitet ist und was seinen Astralleib beeinflussen kann, und weil er auf der anderen Seite in der Milch etwas aufnimmt, was schon vorbereitet ist, so ist er imstande, besondere Kräfte seines Ätherleibes, die heilende Wirkungen auf die Mitmenschen ausüben können, in sich zu entwickeln. Heiler, die heilend auf ihre Mitmenschen einwirken wollen, haben ein besonderes Hilfsmittel in ausschließlichem Milchgenuß.

Auf der anderen Seite wollen wir den Einfluß eines Genußmittels schildern, das aus der Pflanzenwelt genommen wird, den Einfluß des Alkohols.[6] Dieser hat eine ganz besondere Bedeutung. Er entsteht erst dann, wenn der eigentliche pflanzliche Prozeß, das, was durch die wunderbare Einwirkung des Lichtes geschieht, wovon der astralische Leib das Gegenteil ist, aufgehört hat. Dann beginnt ein Prozeß, der sich auf einer niederen Stufe abspielt und den Menschen noch mehr beeinträchtigt als tierische Nahrung. Der Mensch bringt die Stoffe bis zum astralischen Leibe heran, bringt sie durch den Astralleib in ein besonderes Gefüge. Wenn aber das, was an den Astralleib herangebracht werden soll, in der Weise zerfällt, wie es beim Alkohol der Fall ist, so geschieht das, was sonst durch den Astralleib geschehen soll, ohne den Astralleib, nämlich die Wirkung auf das Ich und das Blut. Die Wirkung des Alkohols ist die, daß das, was sonst aus freiem Entschluß des Ichs geschehen soll, durch den Alkohol geschieht. In gewisser Beziehung ist es richtig, daß ein Mensch, der Alkohol genießt, weniger Nahrung nötig hat. Er läßt sein Blut durchziehen von den Kräften des Alkohols; er gibt dem Fremden ab, was er selbst tun sollte. Man kann in gewisser Weise sagen, daß in einem solchen Menschen der Alkohol denkt und fühlt und empfindet. Dadurch, daß der Mensch das, was seinem Ich unterworfen sein soll, an den Alkohol abliefert, stellt sich der Mensch unter den Zwang eines Äußeren. Er verschafft sich ein materielles Ich. Der Mensch kann sagen: Ich fühle dadurch gerade eine Belebung des Ichs. – Gewiß, aber nicht er ist es, sondern etwas anderes, unter das er sein Ich gebannt hat. So könnten wir noch durch mancherlei zeigen, wie der Mensch dazu kommen kann, immer mehr und mehr zu sein, was er ißt. Aber die Geisteswissenschaft zeigt uns auch, wie der Mensch freiwerden kann von den Kräften der Nahrung.

So wollte ich Ihnen heute nur in großen Zügen des Menschen Verhältnis zu seiner Umgebung schildern, wie er dasteht in bezug auf die Nahrung zu den ihn umgebenden Reichen.[7] Wer weiterhin diesen oder jenen Vortrag hier besuchen wird, der wird sehen, daß auf einzelne Fragen auch bei anderen Gelegenheiten eingegangen werden kann. Auch dieser Vortrag wird Ihnen gezeigt haben, daß die Geisteswissenschaft etwas ist, das auch auf die allermateriellsten Bedürfnisse des Lebens seine Wirkung hat. Geisteswissenschaft ist etwas, was ein Ideal sein kann für die Menschenzukunft. Heute wird man wohl noch oft sagen, wenn man sieht, wie die Stoffe sich im Menschen verbinden und trennen: Es ist wie in einer Retorte, und man wird glauben, daß man darin etwas Heilsames finden kann für die Menschen. Aber eine Zeit wird kommen, wo das, was über das Licht und den Astralleib gesagt ist, auch dem vor Augen stehen wird, der im Laboratorium forscht. Kann denn nicht auch jemand die gewöhnlichen Beobachtungen chemischer Art machen, wenn er sich sagt, daß hier ins Kleinste herein das Größte wirkt, was das äußere physische Sonnenlicht durchzieht, und was bis ins Geistige hinein im menschlichen Bewußtsein leuchtet? So wird man diese Dinge durchforschen in dem Lichte, das uns einen Überblick gibt über das Ganze.

Aus dem Geiste ist alles geboren, was in unserer Umgebung ist. Der Geist ist der Urgrund zu allem. Wollen wir zur Wahrheit kommen, so muß der Geist auch beim Forschen hinter uns stehen. Dann werden wir die Wahrheit erkennen, die dem Menschen im Großen und auch im Kleinen nötig ist.

Ernährungsfragen und Heilmethoden

Berlin, 22. Oktober 1906, vormittags

Heute soll vom geisteswissenschaftlichen Standpunkt aus über etwas gesprochen werden, dem ein eminent großer Wert beigemessen werden kann, wenn es in der richtigen Weise aufgefaßt wird. Es sollen einige Gesichtspunkte über Ernährungs- und Heilweise angegeben werden. Mehr noch als bei irgendeiner anderen Auseinandersetzung müssen Sie dabei allerdings berücksichtigen, daß es sich nur um das Herausgreifen ganz aphoristischer Einzelheiten aus einem unendlich weiten Gebiete handelt und daß es sehr schwierig ist, heute schon darüber in einer allgemein verständlichen Sprache zu sprechen. Es kann deshalb auch nur annähernd darüber gesprochen werden, weil man es in einem solchen erweiterten Kreise nicht mit lauter Eingeweihten zu tun hat, die in der Lage wären, jedes Wort auch wirklich seinem Wahrheitswert nach zu empfinden.

In okkulten Schulen,[8] deren Angehörige bereits auf einer höheren Stufe stehen, kann man sich auf eine ganz bestimmte Ausdrucksform einigen, so daß ein gewisses Wort einen entsprechenden Gefühlsimpuls zum Ausdruck bringt. Alle derartigen Dinge, wie sie heute angedeutet werden können, haben im gewöhnlichen Leben oft eine andere Bedeutung. Aber es soll doch versucht werden, auch heute schon über solche Fragen zu sprechen, haben sie doch zugleich einen praktischen Wert. Diejenigen werden freilich nicht viel davon haben, die nicht glauben, daß die Wirkungen, die aus Ursachen in der geistigen Welt erzeugt werden, viel stärker sind als die Wirkungen der äußeren physischen Welt. Daß in dem, was als Geist bezeichnet werden muß und was eine starke Wirkung in der Welt ausübt, Kräfte enthalten sind, ähnlich wie in Elektrizität, Magnetismus und so weiter, wird mancher theoretisch zugeben. Aber von realer Bedeutung wird das erst, wenn jeder dafür ein tieferes Gefühl und Verständnis aufbringt. Die Geisteswissenschaft kommt gegenüber dem heutigen Kulturleben in mancherlei Lagen. Vor allem wird sie sowohl von denen mißverstanden, die konservativ in den alten Geleisen weiterleben wollen, als auch von den zahlreichen Menschen, die auf den verschiedensten Lebensgebieten durch Reformen tätig sein wollen. Alle diese verschiedenen Gruppen von Menschen kommen an die Geisteswissenschaft heran und finden es eigentlich selbstverständlich, daß nicht sie zur Geisteswissenschaft kommen, sondern daß die Geisteswissenschaft zu ihnen komme. Wohl mag es leicht verständlich sein, daß beispielsweise ein radikaler Tierschutzfreund seine Kräfte und Erfahrungen nicht der geisteswissenschaftlichen Bewegung zur Verfügung stellt, sondern wütend wird, wenn nicht alle Theosophen gleich in die Tierschutzbewegung eintreten. Sie können das auf allen möglichen Spezialgebieten erleben. Das ist auch ganz natürlich. Da aber die theosophische Bewegung[9] ein Universelles ist, verhält sie sich zu den verschiedenen Einzelbewegungen wie der Plan eines Baumeisters zu dem, was die Zimmerleute, Maurer, Handwerker und so weiter an dem Hause zu leisten haben. Die letztgenannten sind einzelne Arbeiter. Wer aber den ganzen Bau leitet, muß von den Arbeitern verlangen, zu ihm zu kommen, damit sie ihre speziellen Anweisungen von ihm erhalten. Deshalb kann sich die Geisteswissenschaft auch nicht darauf einlassen, wenn andere Bewegungen, Homöopathen, Antialkoholiker und andere, fordern, daß die Geisteswissenschaft zu ihnen komme, sondern alle die Spezialgebiete müssen sich eingliedern in die geisteswissenschaftliche Bewegung, die eine Grundreform auf allen Gebieten des Lebens anstreben muß, aber von innen heraus.

Insbesondere wird die Stellung der Theosophie gegenüber der Wissenschaft sehr leicht mißverstanden. Nicht nur die Wissenschafter glauben, die Theosophie wäre ihre Feindin und wolle von der Wissenschaft nichts wissen. Auch manche Freunde der Theosophie sind dieser Ansicht. Namentlich der wissenschaftlich gebildete Arzt, der im Sinne der offiziellen Anforderungen tätig ist, wird leicht zu dem Vorurteil kommen, die Theosophie arbeite nicht mit wissenschaftlichen Methoden und gehe daher nicht mit der Wissenschaft Hand in Hand. Und doch ist das nicht der Fall.

Sie hören heute von vielen Leuten Schlagworte über Schlagworte. Daß es Spezialisten gibt, ist in gewisser Weise durchaus berechtigt. Nicht die Vertreter der Spezialgebiete, sondern vor allem ihre Nachbeter gebrauchen solche Schlagworte. Eines von diesen Schlagworten möchte ich gleich an die Spitze stellen. Man hört vielfach, daß das Publikum sich geradezu hypnotisieren läßt, wenn der Ausdruck «Gift» gebraucht wird. Es erscheint sehr einleuchtend, wenn gesagt wird: Ein Gift darf nicht in den Körper kommen! – Man spricht dann gerne von «Naturheilkunde». Was hat man überhaupt unter Natur zu verstehen? Und was unter Gift? Natur umfaßt auch die Wirkung, die das Gift der Belladonna auf den menschlichen Organismus ausübt, denn es ist eine rein natürliche Wirkung. Natur schließt selbstverständlich alle Wirkungen ein, die unter Naturgesetzen stehen. Und was ist ein Gift? Wasser ist ein starkes Gift, wenn es der Mensch eimerweise vertilgt, denn es wirkt dann in hohem Grade zerstörend. Und Arsenik ist eine sehr gute Sache, wenn Sie es in bestimmten Kombinationen verwenden. Deshalb ist ein wirklich intimes Studium des menschlichen Organismus und der Dinge in der Natur draußen notwendig.

Schon Paracelsus[10] hat in seiner schlagenden Sprache darauf hingewiesen, wie bestimmte Vorgänge des menschlichen Körpers mit solchen in der äußeren Natur zusammenhängen, so Cholera mit Arsenik. Deshalb nannte er auch einen Cholerakranken einen Arsenicus, weil er wußte, daß bei Arsenik und Cholera dieselben Faktoren wirksam sind, und weil er zugleich erkannte, wie die Dinge zusammen harmonieren. Da haben wir es mit einem Naturprozeß zu tun, den man erst durchschauen muß.

Ein anderes, was hindernd in den Weg tritt, wenn es sich um eine Verständigung mit der Wissenschaft handelt, ist die materialistische Denkweise, welche alle Fragen, um die es hier geht, in ein schiefes Licht gebracht hat. Erinnern Sie sich daran, was über die Wirkungen gewisser Metalle[11] auf den menschlichen Organismus gesagt wurde. Nun könnte jemand behaupten, die Geisteswissenschaft sei reinster Materialismus, wenn sie erklärt, daß die Kräfte in den Mineralien und Metallen materielle Wirkungen auf den menschlichen Organismus ausüben. Doch die Geisteswissenschaft weiß zugleich, daß das Materielle in einer bestimmten Beziehung zum Geiste steht. Wer wirklich eine spirituelle Weltanschauung vertritt, hat erkannt, daß es sich bei solchen Stoffen eben nicht um bloße Materie handelt, sondern daß darin ebenso wie in einem von Haut umgebenen Wesen Geist und Seele lebt. In diesem Sinne spricht der Theosoph[12] von dem Geist, der im Gold, im Quarz, im Arsenik oder im Gift der Belladonna verkörpert ist. Für den Okkultisten ist die Welt voll von geistigen Wesenheiten. Die im Blei verkörperte Geistigkeit hat jene Beziehung zum menschlichen Organismus, von der Sie gestern hörten. Für die Theosophen handelt es sich nicht um das Aufsuchen von irgendwelchen sonderbaren geistigen Wesen, die gar nichts mit unserer Welt zu tun haben, sondern um solche, die in jedem Stück Metall, wie überhaupt in allem, was uns umgibt, enthalten sind. So durchgeistigt die geisteswissenschaftliche Weltanschauung den Stoff. Geistige Analogien sind etwas, was auf wirklicher spiritueller Forschung beruht.

Nicht um eine Gegnerschaft gegen die Fachwissenschaft handelt es sich hier. Es muß Spezialisierung geben, und man darf über die äußeren Tatsachen nicht hinweggehen. Aber es ist unmöglich, aus einem Spezialwissen heraus einen Gesamtstandpunkt über die Welt zu erhalten. Auch der Arzt muß als Persönlichkeit etwas von den höheren Welten wissen. Er wird dann seine Arbeit ganz anders einrichten, als ein solcher, der nichts von den großen Zusammenhängen weiß. Dann wird man auch die Symptome anders werten. Eine einzelne Beobachtung oder ein Erlebnis wird man vielleicht für etwas ganz Geringfügiges halten, wenn sich das aus einem Überblick über das Ganze ergibt. Wie jeder, der an der Kultur arbeitet, bestimmte Voraussetzungen mit sich bringen muß, so wird die Zukunft auch geisteswissenschaftlich gebildete Ärzte verlangen. Nicht nur um das empirische Vermögen handelt es sich, sondern noch um etwas ganz anderes. Als Beispiel sei hier Hahnemann,[13] der Begründer der Homöopathie angeführt. Zwischen Paracelsus und Hahnemann besteht ein großer Unterschied. Der Arzt des 16. Jahrhunderts war noch bis zu einem gewissen Grade hellsehend. Das war damals noch eine weitverbreitete Eigenschaft. Hahnemann war das nicht mehr. Er konnte nur die Wirkung der Heilmittel durch die Sinneserfahrung erproben. Für die hier gemeinte Beziehung des Menschen zu Wesen und Gegenständen der Natur gibt es ein Analogon, nämlich das Verhältnis der Geschlechter zueinander, das vorzugsweise durch Sympathie bestimmt wird. Es ist ein geheimnisvoller Zug, der die Geschlechter zueinander drängt, eine Kraft, die innerhalb des Lebendigen wirkt. Es ist nicht als irgend etwas Mystisches im schlechten Sinne des Wortes aufzufassen, daß sich der eine Mann zu dem einen Weibe hingezogen fühlt. Wer sich zum okkulten Weltbetrachter ausbildet, hat ein ähnliches Verhältnis zu allen lebenden Dingen um sich herum, das ein universales genannt werden kann. So wie es ein spezifisches Verhältnis zwischen dem einen Mann und dem einen Weibe gibt, so gibt es ein spezifisches Verhältnis zwischen einem solchen Menschen und den Phänomenen seiner Umgebung. Wer diese Kräfte in sich ausgebildet hat, erlangt das Wissen, das ihn erkennen läßt, welches Verhältnis ein bestimmtes Ding zum Menschen hat. Daraus ergibt sich auch eine Erkenntnis der Wirkung der Heilkräfte.

Paracelsus brauchte nicht erst zu probieren, ebensowenig wie der Magnet zu probieren braucht, der das Eisen anzieht. Er konnte sagen, daß im Roten Fingerhut[14] diese oder jene Heilkraft wohnt. Ein solches Wissen wird erst dann wiederkommen, wenn der Arzt erkennen wird, daß es nicht nur auf den intellektuellen Verstand, sondern auf die innere Lebenshaltung ankommt; wenn er weiß, daß er selbst ein ganz anderer Mensch werden muß. Wenn er Temperament, Charakter, die ganze Anlage seiner Seele umgewandelt hat, dann kann er erst jene Schau- und Erkenntniskraft gegenüber den Kräften der Welt entfalten, welche den Menschen harmonisieren. Das wird in gar nicht so ferner Zukunft möglich sein. Die geisteswissenschaftliche Weltanschauung hat vor allem gewisse Prinzipien anzugeben, und einige davon sollen sich an diese allgemeine Betrachtung anschließen. Wer will, kann daran viel gewinnen.

Vier Momente kommen dabei in Betracht. Das erste ist, daß ein gewisser Zusammenhang besteht zwischen dem, was man Verdauung, und dem, was man Denktätigkeit nennt. Mit anderen Worten: was die Verdauung auf einem niederen Gebiete ist, das ist die Denktätigkeit auf einem höheren Gebiete. Beide stehen im Organismus des Menschen, so wie er sich auf dem physischen Plane darlebt, in einem innigen Kontakt. Etwas Konkretes über diesen Kontakt soll jetzt angeführt werden. Zur Denktätigkeit gehört es, daß man logisch folgern kann, das richtige Folgern des einen Begriffes aus einem anderen. Dieses Folgern innerhalb der Gedankentätigkeit ist etwas ganz Bestimmtes. Man kann gewisse Übungen machen, um diese Denktätigkeit in ein bestimmtes Gleis zu bringen. Dasselbe, was Sie in dieser Denktätigkeit seelisch bewirken, wenn Sie solche logischen Übungen ausführen, bewirkt in der Verdauung eine bestimmte Substanz, und zwar der Kaffee.[15] Das ist keine phantastische Annahme, sondern man kann diese Tatsache belegen. Was Sie dem Magen mit dem Kaffee antun, das bewirken Sie beim Denken, wenn Sie praktische logische Übungen machen. Wenn Sie Kaffee trinken, fördern Sie in einer gewissen Weise die logische Folgerichtigkeit im Denken. Und wenn man sagt, der Genuß des Kaffees bedeute eine Steigerung derjenigen Tätigkeit, die für die Stärkung des Denkens erforderlich sei, so ist das wohl zutreffend. Aber der Kaffee fördert eben nur auf eine unselbständige Weise das folgerichtige Denken: er wirkt wie durch einen Zwang. Sie fühlen in sich eine gewisse Unselbständigkeit, etwas wie eine Wirkung von außen. Will der Mensch folgerichtig denken, dabei aber unselbständig bleiben, so mag er viel Kaffee trinken. Wenn er aber die Denktätigkeit selbständig vollziehen will, dann muß er sich gerade von den Dingen freimachen, die auf das Untere wirken; er muß die Kräfte in sich ausbilden, die von der Seele ausgehen. Dann wird er auch die Erfahrung machen, daß nach entsprechenden Übungen auch der Magen wieder in Ordnung kommt oder in Ordnung bleibt.

Eine andere Sache: Der geordneten Denktätigkeit gegenüber steht dasjenige Denken, das nicht bei einem Gedanken stehenbleiben kann, das haltlose Denken. Es wirkt zerstreuend und ist durch eine Art bestimmt, die nicht einen Gedanken mit dem anderen zusammenhalten kann. Auch dieses Denken hat sein Korrelat in der Wirkung eines bestimmten Stoffes auf die Verdauung, und dieser ist im Tee enthalten. Der Tee wirkt in der Tat im Unteren wieder so, wie das alle Gedankenflüchtigkeit Bewirkende im Oberen. Daraus können Sie entnehmen, daß gewisse schädliche Wirkungen des Tees unter Umständen recht verheerend sein können. Glauben Sie aber nicht, daß jemand, der sein ganzes Leben hindurch Tee trinkt, schließlich innerlich ganz zerrissen sein müßte. Wenn er durch den Tee nicht in einer derartigen Weise nachteilig beeinflußt wird, ist das nur ein Beweis, daß sein Organismus genügend Widerstandskraft besitzt.

Ebenso wie die Verdauung der Denktätigkeit entspricht, so entspricht die Herz- und Bluttätigkeit dem Willens- und Begierdenleben; so daß alles, was durch gewisse Stoffe, durch gewisse Arten von Ernährungsmitteln als Wirkung auf das Blut ausgeübt wird, eine Entsprechung in der Willenstätigkeit bewirkt. Das ist besonders zu beobachten, wenn man auf das Umgekehrte sieht. Heute hören Sie vielfach, es sei ein längst überwundener Standpunkt, daß man jemanden durch Gedanken heilen könne; daß zum Beispiel eine Person, die von religiösem Wahnsinn oder auch von Verfolgungswahn befallen ist, nicht durch entsprechende entgegengesetzte Gedanken geheilt werden könne. Was da äußerlich zum Ausdruck kommt, ist nämlich nur ein Symptom, und wenn man dieses äußere Symptom beseitigen könnte, so würde die Krankheit sich auf ein anderes Organ legen und in neuer Gestalt wieder hervortreten. Was die materialistische Heilkunde erforscht hat, weiß der Okkultismus[16] längst. Und nie würde es einem Okkultisten einfallen, eine Wahnvorstellung durch eine Gegenvorstellung heilen zu wollen. Etwas anderes ist es aber, wenn durch die Mittel des Okkultismus viel tiefer eingegriffen wird, nämlich auf das, was als eigentliche Ursache zugrundeliegt. Nehmen Sie einmal an, ein Mensch wäre in der Willens- und Begierdensphäre erkrankt, dann liegt das an gewissen Störungen bestimmter Organe. Dabei kommt nicht nur das Herz in Betracht, sondern manches andere, was damit zusammenhängt. Dann wird der materialistische Arzt sagen: Was sich da kundgibt, kann ich nicht dadurch heilen, daß ich dem Kranken richtige Vorstellungen beibringe. Aber Sie müssen sich eines vorhalten: Im Organismus hat man nicht nur zwei Dinge zu unterscheiden, nicht nur die materielle Grundlage und das, was sich dadurch auslebt; es gibt noch ein drittes Element, das der Okkultist kennt. Wohl steht hinter der unmittelbaren Seelentätigkeit auf dem physischen Plan, also hinter dem, was sich durch Willensimpulse äußert, in der Tat eine organische Tätigkeit. Aber hinter dieser organischen Tätigkeit existiert das dritte: Das Organ ist aufgebaut vom Geiste, es ist aus einem Geistigen entstanden. Und auf dieses Geistige, das hinter dem Organ als dessen Erzeuger vorhanden ist, muß gesehen werden. Wenn Sie beispielsweise einem religiös Wahnsinnigen eine richtige Vorstellung beibringen wollen, haben Sie damit gar nichts getan. Wenn Sie aber so auf ihn einwirken, daß Sie den Erzeuger der Organtätigkeit treffen – und das ist der Ätherleib –, dann können Sie etwas bei ihm bewirken, nicht durch Vorstellungen, sondern indem Sie etwas tun, was scheinbar in gar keinem Zusammenhang mit dem Vorstellungsleben steht.

Um das zu begreifen, gehen wir einmal von dem Begriff einer religiösen Wahrheit aus. Sie können der Vorstellung der religiösen Wahrheit so gegenübertreten, daß Sie dieselbe begreifen. Dann ist für den Verstand das Nötige getan. Aber wenn Sie noch so viele Vorstellungen einsehen, sie sind für Ihr organisches Leben

– das Leben für den Ätherleib wie für den physischen Leib – absolut unwirksam. Deshalb ist es auch unwirksam, wenn Sie einem Kranken durch Überzeugung richtige Vorstellungen beibringen wollen, denn auf seine Willenstätigkeit hat das gar keinen Einfluß. Denken Sie sich aber diese Wahrheit nicht bloß verstandesmäßig wirksam, sondern sagen Sie dem Menschen: Du mußt das nicht nur einmal begreifen, sondern du mußt diese Vorstellungen jeden Tag von neuem auf dich wirken lassen; das muß sich Tag für Tag rhythmisch wiederholen, muß von ganz bestimmten Gefühlen und Bildern begleitet sein. Es einmal zu tun, hat nichts zur Folge. Geschieht es aber eine längere Zeit hindurch regelmäßig, dann wirkt es bis in die organische Konstitution hinein. Das ist das, was man Konzentration und Meditation[17] nennt. Also durch eine Stunde wirkt man nicht auf den Menschen. Wenn Sie ihm aber Anweisungen geben und er sie viele Wochen hindurch täglich ausführt, dann wirken Sie schon ein wenig auf den Menschen, denn Sie erreichen das, was hinter dem Organ als dessen Erbauer steht. Der Okkultismus befindet sich auf keinem anderen Boden als die wissenschaftliche Heilweise, aber er weiß viel mehr. Heute kann man diese Vorstellungen freilich noch nicht öffentlich verkünden.

Im weitesten Umfang hängt die Atmungstätigkeit mit dem Gefühls- und Sinnesleben zusammen. Aus diesem Ursprung heraus können Sie wieder über viele Dinge Aufschluß erhalten, wenn Sie sich klar werden, was alles mit der Atmungstätigkeit zusammenhängt und wie dadurch das Gefühls- und Sinnesleben beeinflußt werden kann. Die Atmungstätigkeit setzt voraus, daß dem Blut genügend Sauerstoff zugeführt wird und daß die organischen Stoffe dadurch erhalten werden. Ein Mensch, der an geistigen Dingen Freude hat, der einen geistigen Inhalt besitzt, der ihm eine frohe Stimmung vermittelt und der dauernd auf ihn wirkt, ein solcher Mensch beeinflußt seine Organe vom Geiste her gesundend.

Wenn wir nun noch einmal auf Verdauung und Denktätigkeit zurückkommen, so werden wir finden, daß insbesondere auf diesem Gebiet viel zu tun ist. Man sollte sich darüber klar sein, daß die Menschheit immer mehr zu einer bewußten Ernährungsweise übergehen muß. Wer heute auf diesem Gebiet Erkenntnisse sammelt, begeht freilich oft noch einen bestimmten Fehler. Dieser besteht darin: Der Mensch will zuviel von dem lernen, was er «Natur» nennt; er will ganz und gar nur der Natur folgen. Paracelsus sagt demgegenüber: Man soll nicht ein Knecht der Natur sein. Zwar soll der Arzt durch der Natur Examen gehen, aber er muß ein Künstler sein, er muß die Natur fortsetzen. – Und die wirklichen Heilmittel sieht Paracelsus nicht in dem, was man der Natur unmittelbar entnimmt, sondern in Neuprodukten, die aus dem Geiste der Natur heraus geschaffen werden. So erwartet Paracelsus eine Epoche der Medizin, welche derartige Neuprodukte als eigentlich wirksame Heilmittel verwendet.[18] Um eine Fortsetzung der Natur auf diesem Gebiete handelt es sich einzig und allein.

Wenn heutzutage die Leute begründen wollen, warum eine gemischte Kost für den Menschen das Richtige sein soll, dann pflegen sie zu argumentieren: Pflanzenfresser seien die Wiederkäuer, diese hätten einen besonders veranlagten Magen und entsprechende Verdauungswerkzeuge. Fleischfresser seien die Raubtiere, deren Verdauungswerkzeuge und deren Gebiß auf den Fleischgenuß ausgerichtet seien. Des Menschen Zähne und Verdauungswerkzeuge seien nun ein Mittelding zwischen denen der Wiederkäuer und denen der Raubtiere. Deshalb weise die Natur selbst den Menschen auf eine gemischte Kost hin. – Aber alles in der Welt ist ja gerade im Fluß, im Werden und Wachsen.

Nicht wie der Mensch heute ausschaut, sondern wie er anders werden kann, darum handelt es sich. Wird der Mensch zur Pflanzennahrung übergehen, so werden die Organe zurückgehen, die mehr der Fleischnahrung entsprechen, und es werden die Organe ausgebildet werden, die für die Pflanzennahrung notwendig sind. Man muß in Betracht ziehen, wie es einmal war und wie es in der Zukunft werden kann. Man gibt daher dem Menschen nicht die richtige Nahrung, wenn man sie auf seinen gegenwärtigen Status abstellt, sondern erst dann, wenn man seinen inneren Werdegang ins Auge faßt. Durch Statistiken und äußere Tatsachen erfassen Sie nur den äußeren Status, Sie erfassen aber nicht die Richtung, in der sich der Mensch bewegen muß. Man muß die Welt auch ein wenig im großen betrachten.

Fassen Sie einmal den Nationalcharakter des russischen Bauern, wie er heute ist, und den des Engländers ins Auge. Der russische Bauer wird das Ich so wenig wie möglich betonen. Bei dem Engländer ist das Gegenteil der Fall. Das findet schon einen rein äußerlichen Ausdruck in der Schreibweise. Der Engländer schreibt das Ich groß. Geht man diesem Sachverhalt weiter nach, so findet man, daß in England fünfmal so viel Zucker[19] konsumiert wird als in Rußland. Hier zeigt sich also wiederum die gegenseitige Entsprechung von Verdauungstätigkeit und Denktätigkeit. Der Vorgang, welcher in der Verdauung durch Zuführung einer größeren Menge von Zucker bewirkt wird, hat im oberen Menschen sein Korrelat in einer stärkeren Selbständigkeit der Denkfunktion.

Nun werden Sie sich denken können, daß man in diese Verhältnisse gegebenenfalls auch korrigierend eingreifen kann. Ein Mensch kann seine Ernährung so einrichten, daß er nur kurze Zeit zum Verdauen braucht, während ein anderer vielleicht lange Zeit damit zubringt. Das läßt uns wieder tief in den menschlichen Organismus hineinschauen. Wenn nämlich der eine Mensch Reis ißt und schnell mit seiner Verdauung fertig ist, dann bleiben gewisse Kräfte übrig, die ihm alsdann für seine Denktätigkeit zur Verfügung stehen. Ein anderer Mensch, der zum Beispiel Wildente ißt und entsprechend längere Zeit zur Verdauung braucht, kann durchaus klug sein; aber wenn er Gedanken produziert, denkt in Wirklichkeit sein Bauch. Der eine kann ein schwacher Denker sein, aber selbständig denken, der andere ein starker Denker, aber unselbständig denken. Daraus können Sie wiederum eine Lehre ziehen.

Um noch etwas anderes zu berühren: Die denkbar größte Sorgfalt muß darauf gerichtet sein, daß dem Körper nicht zuviel und nicht zuwenig Eiweißstoffe zugeführt werden. Da muß unbedingt das richtige Maß gefunden werden. Denn innerhalb der Verdauung entsprechen die Eiweißstoffe demjenigen, was in der Denktätigkeit bei der Erzeugung von Vorstellungen vor sich geht. Dieselbe Tätigkeit, welche die Fruchtbarkeit des Denkens bewirkt, wird im unteren Organismus durch die Eiweißstoffe hervorgerufen. Werden diese dem Menschen nicht in ausgewogener Menge zugeführt, dann erzeugen sie einen Überschuß von solchen Kräften, die in der unteren Leibestätigkeit dem entsprechen, was in der oberen die Vorstellung bildet. Nun soll aber der Mensch immer mehr Herr seiner Vorstellungen werden. Darum soll die Zufuhr von Eiweißstoffen in gewissen Grenzen bleiben, sonst wird er von einer Vorstellungstätigkeit überwältigt, von welcher er gerade frei werden sollte. Das hatte Pythagoras[20] im Sinne, wenn er seinen Schülern die Lehre gab: Enthaltet euch der Bohnen!

Freilich kommen dann Leute und sagen: Seht euch den Reisesser an! Das ist ein schwacher Denker. – Ja, dann ist eben ein solcher Mensch bei seinem Reis noch nicht entwickelt, aber es handelt sich nicht darum, daß man nur die Regeln kennt und meint, jeder brauche sie nur auszuführen. Wenn das Untere zum Oberen nicht stimmt, wird man auch dadurch Unheil anrichten können. Nehmen Sie einen Menschen, der sich vor kurzem dem Vegetarismus zugewandt hat. Dann verläuft bei diesem neuen Vegetarier die Tätigkeit im Unteren in einer ganz bestimmten Weise. Gewisse Kräfte wandeln sich von materiellen in geistige um. Werden sie aber nicht verwendet, so wirken sie nachteilig und können sogar die Gehirntätigkeit beeinträchtigen. Wer sich nicht anders beschäftigt als etwa ein Bankier oder ein gewöhnlicher Stubengelehrter, kann sich dabei sehr schädigen, falls er nicht spirituelle Vorstellungen aufnimmt durch jene Kräfte, die durch seine vegetarische Lebensweise aufgespart werden. So muß der Vegetarier auch zugleich zu einem spirituellen Leben übergehen, sonst soll er lieber Fleischesser bleiben, sein Gedächtnis könnte Störungen erleiden, gewisse Gehirnpartien könnten geschädigt werden und so weiter. Es genügt nicht, sich von Früchten zu ernähren, damit einem die höchsten Gebiete des geistigen Lebens erschlossen werden.[21]

Eine andere Entsprechung im Organismus ist folgende. Der Fortpflanzungsfähigkeit entspricht im oberen Organismus das sogenannte Visionäre, also in gewisser Weise auch die imaginative Seelentätigkeit. Darum wurde von manchen Orden eine gewisse Askese[22] verlangt, doch liegt darin zugleich eine Quelle von ungeheuren Gefahren. Diese können nur durch ein reines inneres Leben abgewendet werden, durch ein festes Vertrauen in die eigene Individualität und durch das Vermögen, in allen Lebenslagen immer gefaßt zu bleiben. Gibt man sich keinen Affekten und keinen äußeren Einwirkungen hin, so steht man sicher auf diesem Gebiete und wird schädliche Einwirkungen abwenden können.

Bei der weißen Magie kommt nicht nur ein reines, sondern

auch ein starkes und sicheres Leben in Frage, eine feste Beherrschung des inneren Lebens, die Fähigkeit, in allen Situationen die Fassung zu bewahren. Besitzen Sie auf der einen Seite wirklich so viel Selbstbeherrschung, daß nichts Sie verblüffen kann, stehen Sie innerlich sicher begründet da, dann werden Sie auch Abstürze leichter überwinden können.

Eine neue Ära kann beginnen, wenn man sich entschließen wird, in allen diesen Dingen die theosophische Weisheit zur Richtschnur zu nehmen. Man wird in der Zukunft beispielsweise studieren müssen, wie man gewisse Kräfte, welche der Organismus hergibt, planvoll umwandeln kann in solche, die für die geistige Erkenntnis verwendet werden können. Im Laboratorium wird einmal ein Stoff produziert werden, der höherwertig sein wird als die Milch.[23] Heute wäre es schon durchaus möglich, ein Nahrungsmittellaboratorium zu begründen und dadurch auch Einfluß auf die Ernährung der Völker zu gewinnen. Aber die Zeit wird kommen, da Schüler der Geisteswissenschaft chemisch arbeiten werden im Einklang mit der werdenden Natur, nicht mit der gewordenen Natur. Goethe sagt in diesem Sinne:

> «Werdend betrachte sie nun, wie nach und nach
> sich die Pflanze, Stufenweise geführt,
> bildet zu Blüten und Frucht.»

Nehmen Sie diese wenigen Gesichtspunkte hin, die aus einem weiten Gebiet herausgenommen sind, und betrachten Sie sie so, daß man sie ausbauen muß. Dann werden Sie schon sehen, wie Sie aus diesen Dingen geistige Nahrung herausziehen können und welche praktische Bedeutung sie für Sie zu gewinnen vermögen.

Der Ernährungsvorgang

Dornach, 16. September 1922

Damit Sie, meine Herren, ein mehr vollständiges Bild bekommen, will ich noch genauer betrachten, was eigentlich im menschlichen Leibe jeden Tag bei gewissen Vorgängen vor sich geht. Denn man kann höhere Vorgänge nur verstehen, wenn man gewisse niedrige Vorgänge wirklich erkennt. Ich will daher heute noch einmal sowohl von der physischen, materiellen Seite her, wie auch von der seelischen Seite her den ganzen Ernährungsvorgang betrachten.

Wir essen; wenn wir essen, dann nehmen wir zunächst die Nahrungsmittel in den Mund. Wir genießen feste und flüssige Nahrungsmittel, die luftförmigen Nahrungsmittel nehmen wir ja durch das Atmen, durch die Lunge auf. Also wir genießen feste und flüssige Nahrungsmittel. Aber wir können in unserem Leib nur Flüssigkeiten brauchen. Daher muß das Feste schon im Munde zu einer Flüssigkeit aufgelöst werden. Das wird zunächst im Munde geleistet. Das kann im Munde, im Gaumen nur dadurch geleistet werden, daß im ganzen Gaumen und überhaupt in der Mundhöhle sich kleine Organe befinden, sogenannte Drüsen, und diese Drüsen, die geben fortwährend den Speichel von sich.

Also Sie müssen sich vorstellen, daß da zum Beispiel an der Seite der Zunge solche kleinen Drüsen sind. Das sind kleine Gebilde, die so angeordnet sind, daß sie, wenn man sie genau unter dem Mikroskop ansieht, so aussehen wie kleine Weintrauben; sie sind so aus Zellen zusammengelagert. Diese Drüsen, die geben den Speichel von sich. Der Speichel löst die Nahrungsmittel auf und durchdringt sie. Die Nahrungsmittel müssen im Munde eingespeichelt werden, sonst taugen sie nichts im menschlichen Organismus.

Nun, da wird eine Tätigkeit ausgeübt – das ist ja eine Tätigkeit, dieses Einspeicheln, dieses Durchdringen der Nahrungsmittel mit dem Speichel –, und diese Tätigkeit nehmen wir wahr, die fassen wir auf im Geschmack. Wir schmecken die Nahrungsmittel während des Einspeichelns durch den Geschmackssinn. So wie wir durch das Auge Farben wahrnehmen, so nehmen wir durch den Geschmackssinn den Geschmack der Speisen wahr.

Also wir können sagen: Im Munde werden die Speisen eingespeichelt, und sie werden geschmeckt. Mit dem Geschmack bekommt man also ein Bewußtsein von den Speisen. Und durch das Einspeicheln werden sie so hergerichtet, daß sie dann vom anderen Leib aufgenommen werden können. Aber im Speichel des Mundes muß ein gewisser Stoff sein, sonst könnten die Nahrungsmittel nicht so zubereitet werden, daß sie dann brauchbar für den Magen sind. Da muß ein gewisser Stoff drinnen sein. Dieser Stoff, der ist auch wirklich drinnen und den nennt man Ptyalin. Also im Munde wird aus den Speicheldrüsen das Ptyalin herausgetrieben. Und dieses Ptyalin ist derjenige Stoff, der zuerst die Nahrungsmittel bearbeitet, damit sie für den Magen brauchbar werden.

Dann gehen durch die Speiseröhre, durch den Schlund, die eingespeichelten, vom Ptyalin bearbeiteten Nahrungsmittel in den Magen hinein. Im Magen müssen sie weiter bearbeitet werden. Dazu muß es im Magen wiederum einen Stoff geben. Der wird vom Magen ausgesondert, hervorgebracht. So wie im Munde der Speichel mit dem Ptyalin, so wird im Magen auch eine Art Speichel hervorgebracht. Nur ist in diesem Speichel des Magens schon ein etwas anderer Stoff drinnen. Der speichelt im Magen noch einmal die Nahrungsmittel ein. So daß wir sagen können: Im Magen, da ist statt des Ptyalin das Pepsin drinnen.

Nun, sehen Sie, im Magen entwickelt sich beim erwachsenen Menschen und auch schon beim siebenjährigen Kinde kein Geschmack mehr. Aber der Säugling, der schmeckt noch im Magen ebenso die Speisen, wie der Erwachsene im Mund die Speisen schmeckt. Da muß man also schon auf das Seelische des Säuglings eingehen, wenn man den Menschen durchschauen will. Der erwachsene Mensch, der bekommt höchstens einen Begriff von diesem Geschmack im Magen, wenn der Magen schon ein bißchen ruiniert ist und die Geschichte aus dem Magen statt nach unten nach oben geht. Dann kriegt der Mensch schon eine Vorstellung davon, daß es im Magen einen Geschmack gibt. Ich setze voraus, daß wenigstens einige von Ihnen das schon durchgemacht haben, daß wiederum etwas, was im Magen schon war, in den Mund herauf zurückkommt, und die werden wissen, daß das dann wirklich schlechter schmeckt als alles dasjenige oder wenigstens das meiste von demjenigen, was man ißt. Und dasjenige, was so schmecken würde wie das, was vom Magen zurückkommt, würde man gewiß nicht außerordentlich geschmackvoll finden. Man ißt ja solche Dinge nicht, die so schmecken würden wie das, was vom Magen wieder zurückkommt. Aber der Geschmack, der da im Speisebrei ist, der wieder zurückkommt, muß sich doch gebildet haben. Er bildet sich eben im Magen. Nicht wahr, im Munde sind die Speisen bloß einptyalinisiert; im Magen werden sie einpepsinisiert. Und die Folge davon ist, daß sie eben anders schmecken. Mit dem Geschmack ist es überhaupt so eine Sache.

Nehmen Sie einmal an, Sie sind sehr empfindlich und Sie trinken Wasser, so wird das Wasser im allgemeinen, wenn es nicht gerade verdorbenes Wasser ist, keinen schlechten Geschmack haben. Wenn Sie aber – Sie müssen natürlich etwas dafür empfindlich sein – viel Zucker auf der Zunge zerfließen lassen und die Zunge darauf eingerichtet haben, so kann es Ihnen vorkommen, daß das Wasser säuerlich schmeckt. Mit dem Geschmack ist es eine eigene Sache. Aber so, wie ihn der erwachsene Mensch kennt, bildet er sich nicht im Munde aus, sondern im Magen. Das Kind fühlt, denkt aber natürlich noch nicht; daher kennt es den Geschmack nicht so, wie der erwachsene Mensch seinen Mundgeschmack kennt. Das Kind muß daher solche Nahrungsmittel kriegen, die im Magen drinnen nicht allzuschlecht schmecken. Und das ist eben die Muttermilch[24] oder die Milch überhaupt, aus dem Grunde, weil sie einen nicht allzuschlechten Geschmack im Magen bekommt, weil das Kind verwandt ist mit der Milch. Es ist ja aus dem Leibe heraus geboren, der Milch hervorbringen kann. Also das Kind fühlt sich verwandt mit der Milch. Daher bereitet ihm die Milch keinen schlechten Geschmack. Das Kind würde aber, wenn es zu früh andere Nahrungsmittel bekommen würde, diese ekelig finden. Der Erwachsene tut das nicht mehr, weil sein Geschmack vergröbert ist. Aber das Kind würde es ekelig finden, weil es nicht mit ihnen verwandt ist, weil das äußere Nahrungsmittel sind.

Nun, sehen Sie, von dem Magen, nachdem die Speisen eingespeichelt sind in dem Magen mit dem Pepsin, gehen die Speisen in den Darm hinein, in den Dünndarm, Dickdarm und so weiter, und der Speisebrei breitet sich im Darm aus.

Ich kann hierher schreiben beim Magen: Kindlicher Geschmack (siehe Schema Seite 59).

Wenn sich nun da der Speisebrei ausbreitet und es geschähe gar nichts mit ihm, ja, da würde er in den Därmen eine harte, steinige Masse werden und er würde den Menschen zugrunde richten. Da wird etwas anderes mit diesem Speisebrei vorgenommen.

Was da vorgenommen wird, das geschieht zunächst wiederum durch eine Drüse. Im Munde haben wir Drüsen, im Magen Drüsen, und jetzt gibt es eine große Drüse hinter dem Magen. Also wenn der Magen da ist, so ist hinter dem Magen, wenn man den Menschen von vorne anschaut, eine ziemlich große Drüse, und vor dieser Drüse ist dann der Magen. Diese Drüse ist also hinter dem Magen. Und diese Drüse, die man die Bauchspeicheldrüse nennt, die sondert nun wiederum eine Art Speichel ab, und der Speichel geht durch feine Kanäle in die Gedärme. So daß also in den Gedärmen die Speisen ein drittes Mal eingespeichelt werden. Und der Stoff, der da in dieser Bauchspeicheldrüse abgesondert wird, der verwandelt sich sogar im Menschen. Zunächst sondert ihn die Bauchspeicheldrüse ab. Da ist er fast so wie das Pepsin des Magens. Dann aber, auf dem Wege in die Gedärme hinein, verändert er sich. Er wird schärfer. Die Speisen müssen ja jetzt schärfer angefaßt werden als früher. Und diese schärfere Art von einem Speichelstoff, der von der Bauchspeicheldrüse abgesondert wird, den nennt man Trypsin. Also wir haben als drittes die Bauchspeicheldrüse. Die sondert ab das Trypsin – wenigstens sondert sie etwas ab, was in den Gedärmen zu dem scharfen Saft des Trypsins wird. Damit wird der Speisebrei ein drittes Mal eingespeichelt. Da geschieht mit ihm also wiederum etwas Neues.

Das kann nicht mehr wahrgenommen werden von dem Bewußtsein des Menschen im Kopfe, wie ich Ihnen das letzte Mal gesagt habe, sondern das, was da aus dem Speisebrei entsteht, das wird jetzt wahrgenommen, geschmeckt oder gefühlt von der Leber und gedacht von den Nieren. Also alles dasjenige, was da drinnen in den Gedärmen vor sich geht, das wird gedacht von den Nieren und wahrgenommen von der Leber. Da sitzt also ein Seelisches drinnen in Nieren und Leber, und das nimmt so wahr, wie der Mensch durch den Kopf wahrnimmt. Nur weiß er nichts davon. Höchstens, wie ich Ihnen das letzte Mal gesagt habe, wenn er träumt; dann kommt eben in einer bildlichen Form die Geschichte zum Bewußtsein. Wie da der Speisebrei sich schlangenartig durchwindet durch die Gedärme und sich immer mit dem Trypsin mischt, das übt einen Reiz aus, und das nimmt der Mensch dann im Traum als Schlangen wahr. Das ist also eine Umsetzung in ein undeutliches, unklares Seelisches, was da der Mensch wahrnimmt.

Nun, die Leber, die nimmt also da die Geschichte wahr mit dem Ptyalin, Pepsin, Trypsin – ich muß das schon so aussprechen, weil die Wissenschaft leider den Sachen so scheußliche Namen gegeben hat, und wenn man schon recht unsympathisch aufgenommen wird von der Wissenschaft, wenn man die Sachen klarlegen will, so würde die Wissenschaft schon ganz kopfstehen, wenn man den Sachen neue Namen geben wollte; man könnte es auch, aber damit die Wissenschaft nicht unnötig kopf steht, tut man es nicht, gebraucht die alten Namen Ptyalin, Pepsin, Trypsin weiter fort. Es ist also so, daß nun die Sachen zum dritten Mal eingespeichelt werden. Und da liegt ein Leberfühlen zugrunde (siehe Schema Seite 59).

Was das mit diesem Leberfühlen ist, meine Herren, das machen Sie sich dadurch klar, daß Sie sich einmal erinnern, wie es ist – wenn Sie es vielleicht schon einmal getan haben –, wenn man sich eine recht scharfe Zwiebel vor die Nase bringt. Nicht wahr, da kommen die Tränen. Auch wenn Sie Meerrettich vor die Nase bringen, kommen die Tränen. Woher kommt denn das? Das kommt davon her, daß der Meerrettich oder die Zwiebel auf die Tränendrüsen wirken, und die Tränendrüsen sondern dann die bitteren Tränen ab. Ja, sehen Sie, meine Herren, so ungefähr wie die Zwiebel oder der Meerrettich ist dieser in den Gedärmen verlaufende Speisebrei, und die Leber sondert die Galle ab, so wie die

Augen die Tränen absondern. Die Zwiebel muß wahrgenommen werden, wenn sie Tränen hervorrufen soll; man muß sie fühlen. So fühlt die Leber diesen Speisebrei und sondert die Galle ab, die ihm zugesetzt wird. Das ist das vierte.

Mund : Geschmack. Ptyalin
Magen : Kindl. Geschmack. Pepsin
Bauchspeicheldrüse : Leberfühlen. Trypsin
Leber : Galle

Nun wird in den Gedärmen, nachdem der Mund durch das Ptyalin, der Magen durch das Pepsin, die Bauchspeicheldrüse durch das Trypsin gewirkt hat, von der Leber aus die Galle dem Speisebrei zugesetzt. Und dann kommt erst das Denken durch die Nieren.[25]

Wenn nun der Speisebrei auf diese Weise zubereitet ist, viermal eingespeichelt ist, dann geht er erst durch die Darmwände in die Lymphröhren hinein und von da in das Blut. Also wir können sagen: Im menschlichen Körper ist ein außerordentlich komplizierter Lebensprozeß vorhanden. Vom Mund, bis der Speisebrei in das Blut hineingeht, immerfort wird der Speisebrei umgeändert, damit er in der richtigen Weise nicht nur vom Magen, sondern vom ganzen menschlichen Körper verdaut werden kann.

Jetzt wird aber das wiederum in einer verschiedenen Weise bewirkt. Nicht wahr, Sie können sich sagen, wenn Sie selber – denken Sie nur, meine Herren –, wenn Sie selber im chemischen Laboratorium, selbst wenn Sie ein noch so gescheiter Professor wären, das alles so machen müßten, Sie würden es nicht können, wenn Sie zuerst die Speise mit dem Mundspeichel durchkauen müßten, dann mit dem Magenspeichel, dann mit dem Darmspeichel und zuletzt mit der Galle! Das geschieht alles in Ihnen, Sie machen es fortwährend jeden Tag. Aber wenn Sie es im Laboratorium machen sollten, Sie würden es nicht können. Der Mensch hat zwar einen Verstand, aber dasjenige, was in seinem Bauch verständigerweise zugeht, das geschieht viel gescheiter, als die Menschen überhaupt auf der Erde sind. Und das ist ein sehr weiser, ein sehr gescheiter Prozeß, der sich da abspielt. Den kann man nicht so ohne weiteres nachmachen.

Aber Sie werden noch mehr Respekt kriegen vor diesem Prozeß, wenn ich Ihnen seine Einzelheiten schildere. Was ißt denn der Mensch? Der Mensch ißt Pflanzenstoffe, Tierstoffe, Mineralstoffe, und dadurch kriegt er ganz verschiedene Stoffe in seinen Mund und seinen Magen und seine Gedärme hinein, die umgewandelt werden müssen, verändert werden müssen durch die Einspeichelung.

Denken Sie sich, Sie essen Kartoffeln. Woraus besteht die Kartoffel? Die Kartoffel besteht hauptsächlich aus dem, was Sie in der Stärke haben. Sie wissen ja auch, Stärke wird aus der Kartoffel bereitet. Also Sie essen eigentlich Stärke, wenn Sie Kartoffeln essen. Das ist also eines von dem ersten, was Sie essen; Stärke essen wir. Es gibt viele stärkeähnliche Dinge. Die Kartoffel besteht fast ganz aus Stärke, nur mit einzelnen Flüssigkeiten ist die Stärke durchsetzt, namentlich mit Wasser. Und dadurch sieht die Kartoffel eben – weil sie außerdem lebendig ist, nicht tot – so aus, wie sie ist. Sie ist eigentlich lebendige Stärke, die Kartoffel. Aber darum muß sie, wie ich Ihnen gesagt habe, abgetötet werden. Da ist sie also reine Stärke. In den Pflanzen ist überall Stärke drinnen; was Sie aus dem Pflanzenreich essen – überall ist Stärke drinnen.

Was essen Sie noch? Ob Sie es aus dem Pflanzenreich oder aus dem Tierreich nehmen, Sie essen Eiweiß. Eiweiß essen Sie in dem gewöhnlichen Ei; da haben Sie es so, wie es ist, nur etwas abgetötet. Sie essen aber Eiweiß, das beigemischt ist dem Muskelfleisch oder den Pflanzen. Sie essen eigentlich fortwährend Eiweiß. Also das zweite ist Eiweiß und eiweißähnliche Stoffe.

Und das dritte, was Sie essen, und was von der Stärke und von dem Eiweiß verschieden ist, das sind Fette. Fette sind andere Stoffe als Stärke und Eiweiß. Fette sind in den Pflanzen weniger als in den Tieren. Es gibt sogenannte Pflanzenfette. Der Mensch braucht entweder aus dem Pflanzenreich oder aus dem Tierreich die Fette, wenn er sich ordentlich nähren soll. Also die Fette sind als drittes da drinnen in dem, was der Mensch als Nahrungsmittel aufnimmt.

Und als viertes sind drinnen die Salze. Der Mensch muß immer entweder schon solche Nahrungsmittel zu sich nehmen, die von Natur aus genügend Salze haben oder Salze wenigstens enthalten, oder Sie wissen ja, die Menschen stellen sich ein Salzfaß auf den Tisch, und je nachdem nehmen sie entweder mit den Fingern oder mit dem kleinen Hornlöffel oder mit der Messerspitze das Salz aus dem Salzfaß und setzen es der Suppe oder den anderen Nahrungsmitteln zu. Das wird gegessen. Das haben wir nötig. Das ist das vierte, was gegessen wird; Salze muß ich schreiben, weil es eben verschiedene Salze sind.

Das kommt eben alles in den Darm hinein, und das wird alles verändert im Darm.

Nun, meine Herren, was entsteht aus dem allem? Dadurch, daß die Speisen gut vorbereitet sind durch den Mundspeichel und Magenspeichel, können sie im Darm zum dritten Male eingespeichelt werden, und sie verhärten nicht, sondern sie verwandeln sich, sie werden etwas anderes.

Stärke : Zucker
Eiweiß : flüssiges Eiweiß
Fette : Glyzerin. Säuren
Salze : Salze

Was wird die Stärke? Die Stärke wird Zucker. So daß Sie also, wenn Sie Stärke essen, daraus in Ihrem Magen Zucker bekommen. Zucker brauchen wir, wenn wir ihn in uns haben wollen, gar nicht zu essen, aus dem einfachen Grunde nicht – wenn wir genügend viel entwickeln würden –, weil wir ihn selbst machen. Aber es ist schon beim Menschen so, daß er nicht alles machen kann, trotzdem die menschliche Natur sehr viel kann. Und so entwickelt sie eben zu wenig Zucker, bei manchen Menschen sogar viel zu wenig Zucker. Und da muß dann noch extra Zucker zugesetzt werden zu den Speisen, oder da wird zugesetzt, damit das schon in die Gedärme vorbereitet hineinkommt, was sonst im normalen Leben die Gedärme selber machen. Und die Gedärme machen aus Stärke Zucker. Das ist eine große Kunst.

Noch eines: Sie wissen ja, es bekommt Menschen mit schwachem Magen besser, wenn sie kernweiche Eier essen, als wenn sie ganz harte Eier essen. Und noch dazu, wenn die Eier schon etwas stinkig geworden sind, bekommen sie erst recht schlecht. Das Eiweiß ist zwar ein gutes Nahrungsmittel, aber wenn wir es in einem belebten Zustand da in die Gedärme hineinbringen, würde dieses Eiweiß auch in uns stinkig und unbrauchbar. Wir können das Eiweiß in unserem Darm nicht so gebrauchen, wie es da draußen ist. Dieses Eiweiß muß auch umgewandelt werden, und vor allem, es muß aufgelöst werden. Wenn Sie es ins Wasser hineingeben, löst es sich nicht auf. Es muß etwas ganz anderes da sein, damit es sich auflöst. Und ganz besonders stark löst das Trypsin das Eiweiß auf. Also aus Eiweiß entsteht flüssiges Eiweiß.

Und während flüssiges Eiweiß entsteht, bildet sich im menschlichen Organismus noch etwas; durch die Einwirkung dieses Darmspeichels der Bauchspeicheldrüse, da bildet sich noch etwas. So spaßig es ist, aber es bildet sich nämlich Alkohol. Der Mensch entwickelt in sich Alkohol. Man braucht gar keinen Alkohol zu trinken, man hat in sich selber einen Quell von Alkohol. In den Gedärmen entsteht Alkohol. Und wenn die Menschen zum Säufer werden, dann ist das nur aus dem Grunde, weil ihre Leber zu gierig wird. Sie begnügt sich nicht, indem sie wahrnimmt den Alkohol, der da ein bißchen gebildet wird in den Gedärmen; sie verlangt mehr Alkohol, und da werden die Menschen zum Säufer.

Sehen Sie, Leute, die das gewußt haben, die haben das sogar als Grund angeführt für das Wein- und Biertrinken. Sie haben gesagt: Da sind solche Antialkoholiker; aber der Mensch kann gar nicht Antialkoholiker sein, weil er selber Alkohol in seinen Gedärmen macht. Nun, aber das begründet natürlich nicht, daß man deshalb zum Säufer werden muß und zu viel Alkohol trinken soll. Denn wenn man nun zu viel Alkohol trinkt, das heißt, der Leber nachgibt in ihrer Gier nach Alkohol, dann wird sie krank, dann entartet sie durch das alles, wuchert. Die Leber muß doch tätig sein. Die Leber vergrößert sich und die kleinen Drüsen werden aufgeblasen. Und wenn dann die Leber arbeiten muß in der Gallenerzeugung, so erzeugt sie keine ordentliche Galle. Der Speisebrei wird nicht ordentlich in den Gedärmen mit Galle durchsetzt. Er geht als unrichtiger Speisebrei in die Lymphgefäße und in die Blutgefäße. Das kommt ins Herz und greift auch das Herz an. Deshalb haben diejenigen Menschen, die zu viel Bier trinken, eine krankhafte, eine ganz anders aussehende Leber, als diejenigen, die wenig trinken oder sich gar mit dem bißchen Alkohol begnügen in den menschlichen Gedärmen selber, das eigentlich in der Hauptsache schon genügt. Die entartete Leber und das entartete Herz sind eine Folge von zu großem Alkoholgenuß. Daher das Bierherz, das eine große Anzahl der Münchner Bevölkerung hat. Aber es ist immer auch die Leber mit entartet. Sehen Sie, man versteht die Entartung und die verschiedenen Krankheiten, wenn man in dieser Weise hineinschaut in den verschiedenen Verlauf des Speisebreies im Organismus.

Nun habe ich Ihnen gesagt, was entsteht, wenn das Eiweiß flüssig gemacht wird. Da dringt Alkohol in das Eiweiß hinein, und er verhindert das Stinkigwerden. Sie wissen ja, wenn man Lebendiges aufbewahren will, bewahrt man es auch in Spiritus auf, weil der Alkohol, wie man sagt, die Sache konserviert. Es kann sich erhalten. Das Eiweiß kann sich auch im Organismus dadurch erhalten, daß es in Spiritus gesetzt wird durch den Organismus selber. Das ist außerordentlich gescheit.

Aber es sind so feine Vorgänge, die da geschehen, daß der Mensch das alles nicht machen könnte. Wenn er, sagen wir, irgendein menschliches Glied oder einen kleinen Organismus bewahren will, ein kleines Lebewesen bewahren will, so setzt er es in Spiritus und stellt es in seinem naturwissenschaftlichen Kabinett auf. Aber in einer viel feineren, geistreicheren Art macht das in dem menschlichen Darm das Trypsin; das setzt Alkohol ab und setzt das Eiweiß in Alkohol.

Und was geschieht mit den Fetten? Ja, meine Herren, die Fette gehen in den Darm hinein und werden wiederum von dem, was von der Bauchspeicheldrüse abgesondert wird, in Verbindung mit der Galle umgewandelt. Und da entstehen aus dem Fett zweierlei Stoffe. Der eine Stoff ist Glyzerin. Glyzerin kennen Sie von außen, aber Sie erzeugen täglich das Glyzerin in sich. Der andere Stoff ist Säure. Also aus den Fetten entstehen Glyzerin und Säuren, allerlei Fettsäuren.

Und nur die Salze, die bleiben ähnlich so, die werden wenig verändert; höchstens aufgelöst werden sie, so daß sie besser verdaulich gemacht werden. Aber die bleiben eigentlich so, wie sie aufgenommen werden. Also die Salze bleiben Salze (siehe Schema Seite 62).

So also essen wir mit den entsprechenden Nahrungsmitteln stärkeartige Stoffe, eiweißartige Stoffe, fettartige Stoffe und Salzstoffe. Und nachdem wir verdaut haben, haben wir in uns statt dieser Stärke und des Eiweißes und der Fette: Zucker, aufgelöstes, flüssiges Eiweiß, Glyzerin, Säuren und Salze.

Und was geht nun mit dem vor sich, was wir da in uns haben? Wir haben etwas ganz anderes, als wir gegessen haben, in uns. Wir haben richtig die Geschichte umgewandelt.

Sehen Sie, es hat noch vor einigen Jahrhunderten in der Schweiz hier – aber er ist weit gewandert gewesen – einen Arzt gegeben, den die Wissenschaft heute ziemlich verachtet, der aber noch eine Ahnung hatte von all diesen Vorgängen. Das war der Paracelsus. In Basel war er Professor. Aber die Kerle haben ihn herausgeschmissen, weil er mehr gewußt hat als sie. Er wird heute noch allgemein verschimpft. Es ist ihm ja passiert, trotzdem er ein sehr gescheiter Mensch war, daß er über einen Felsen heruntergefallen ist und sich den Kopf zerschmettert hat. Er hat seine letzte Lebenszeit in Salzburg verbracht. Er war Arzt. Wäre er, wie man es heute nennt, ein ehrenhafter Bürger, Stadtrat von Salzburg gewesen, so hätte man ihm das beste Andenken bewahrt. Aber er war ein Mensch, der mehr gewußt hat als die anderen. Und da haben sie gesagt: Er war ein Säufer, war besoffen und ist über den Felsen heruntergestürzt. – Nun, das ist schon einmal so in der Welt. Der hat also noch etwas gewußt von der Welt und hat immer in starker Weise hingewiesen darauf, wie im Inneren des Menschen eine

Umwandlungskraft ist. Aber das ist ja seit jener Zeit für Jahrhunderte vergessen worden.

Und was geschieht nun mit alledem, was da drinnen ist? Da gibt sich die Wissenschaft wiederum einer großen Illusion hin. Denn sehen Sie, die Wissenschaft sagt: Alles das, was da jetzt entsteht als Zucker, flüssiges Eiweiß, Alkohol, Glyzerin, Fettsäuren und Salze, all das geht in die Blutadern hinein und von da ins Herz, und vom Herzen aus durch die Blutadern wird es erst in den übrigen Organismus getrieben. Gewiß, ich möchte sagen, mit dem Dicksten, was noch da ist – flüssig ist alles, aber auch unter dem Flüssigen sind dickliche Flüssigkeiten –, aber mit dem Dicksten, was da noch ist, kann es so sein, ist es auch so: das geht in die Adern über und versorgt von da aus den Körper. Aber, meine Herren, haben Sie denn nicht schon einmal bemerkt, daß wenn ein Glas Wasser da war und Sie Zucker ins Glas hineingegeben haben und Sie haben es nachher getrunken, daß es nicht bloß unten, wo der Zucker gelegen hat, süß ist? Das ganze Glas Wasser ist süß, nicht wahr! Der Zucker, wenn er flüssig gemacht wird, löst sich ja im ganzen Wasser auf. Und ebenso das Salz in diesem Wasserglas da drinnen, da sind nicht erst Adern, damit der Zucker oder das Salz in alle Teile hineinkommen können, sondern das wird aufgesogen.

Nun habe ich Ihnen vor einiger Zeit gesagt, daß der Mensch eigentlich zu 90 Prozent aus Wasser besteht, wenigstens aus Flüssigkeit. Es ist lebendiges Wasser, aber es ist Wasser. Nun, brauchen die Stoffe, die da sind, alle erst die Adern, um in den ganzen Körper überzugehen? Wenn da drinnen in den Gedärmen Zucker gemacht wird, hat das die Adern erst nötig, damit es in den ganzen Körper übergehe? Der Mensch besteht aus Wasser, damit sich der Zucker in ihm verbreiten kann.

Ja, da haben die Leute gesagt: Wenn der Mensch ein Säufer

wird, dann gehen alle Alkoholmengen, die der Mensch zu sich nimmt, auf dem Weg durch die Gedärme ins Herz und von da aus in den ganzen Körper. – Ich kann Ihnen die Versicherung geben, meine Herren, wenn der ganze Alkoholgehalt, den ein solcher Säufer in sich hineinsäuft, erst durchs Herz hindurchgehen würde, dann würde er am Alkohol nicht nach Jahren zugrunde gehen, sondern nach Tagen. Man kann das nämlich nachweisen, daß dasjenige, was man auf diese Weise flüssig zu sich nimmt, nicht erst durch die Adern in den ganzen Körper übergeht, sondern so in den Körper übergeht, wie der Zucker in einem Glas Wasser ins ganze Glas Wasser übergeht. Wenn jemand, der einen ziemlich gesunden Organismus hat, ein Glas Wasser trinkt und er trinkt es aus Durst, so wird dieses erste Glas Wasser wirklich nun von den Gedärmen verarbeitet, wird dem Speisebrei zugesetzt und geht von da aus tatsächlich in die Adern und durch das Herz in den Körper über. Aber wenn die Adern und das Herz einmal genug haben, dann können Sie Wasser trinken so viel Sie wollen: das geht nicht mehr von den Adern über, weil man das nicht braucht. Wenn Sie ein oder eineinhalb Glas Wasser trinken, nur soviel Sie gerade dem Durst entsprechend brauchen, dann läßt das Ihren Körper ungeschoren; wenn Sie aber zu viel Wasser trinken, schon beim dritten, vierten Glas, da geht das Wasser rasch durch den Urin ab. Das nimmt sich nicht erst Zeit, durchs Herz abzugehen, sondern geht einfach, weil der Mensch eine Wassersäule ist und es zu viel Wasser wäre, durch den Urin ab. Denken Sie nur einmal nach, was da geschieht, wenn die Leute am Stammtisch zusammensitzen und es zum dritten, vierten Glas Bier kommt; da können Sie wahrnehmen, wie da der eine und der andere anfängt zu laufen! Dieses Bier, das hat sich gar nicht Zeit genommen, erst ins Herz hereinzugehen, das geht auf einem viel kürzeren Wege wieder ab, weil der Mensch eben ein flüssiger Körper ist.

So können wir sagen: Der Speisebrei, der jetzt besteht aus Zukker, flüssigem Eiweiß, Glyzerin, Säuren, Salzen, der geht in den ganzen Körper über; nur der dickste Teil geht durch die Adern in den ganzen Körper über. Und so kommt es, daß im Kopf Salze abgelagert werden, daß in allen übrigen Organen Salze abgelagert werden, die gar nicht durchs Blut kommen, sondern die direkt in diese Organe hereingehen.

Nun, sehen Sie, wenn die Geschichte so wäre, daß der Mensch all das Salz, das in seinem Kopfe abgelagert wird, immerfort spüren würde, dann würde er fortwährend Kopfschmerz haben. Zuviel Salze im Kopf gibt Kopfschmerzen. Sie haben vielleicht schon etwas gehört von der Migräne.[26] Ich habe auch schon hier davon gesprochen. Man kann auf den verschiedenen Stufen verschieden über die Dinge aufklären. Worin besteht denn die Migräne? Die Migräne besteht darinnen, daß diese ganze Verteilung nicht in Ordnung ist und im Kopf zu viel Salze, nämlich Harnsäuresalze abgelagert werden. Statt daß die Harnsäuresalze mit dem Harn, mit dem Urin abgingen, bleiben sie im Kopf liegen bei der Migräne, weil die anderen Speisen nicht ordentlich zubereitet sind und die Salze zurückhalten.[26a] Die Migräne ist nämlich gar keine so noble Krankheit, obwohl gerade meistens noble Leute sie haben. Die Migräne ist eine recht unanständige Krankheit. Dasjenige, was durch den Urin abgesondert werden sollte, das bleibt auf der rechten Seite des Kopfes liegen, weil es schon im Magen verdirbt. Also dasjenige, was im Organismus auf der linken Seite wirkt, wirkt im Kopf auf der rechten Seite. Ich werde noch in der nächsten Zeit zeigen, warum das so ist.

Und so kommt es dazu, daß die Geschichte, die eigentlich durch den Urin abgehen sollte, da auf der rechten Seite des Kopfes abgelagert wird.

Wieviel Salz kann denn der Mensch ertragen? Nun ja, erinnern

Sie sich daran, was ich Ihnen schon einmal gesagt habe. Erinnern Sie sich daran, daß ich gesagt habe: Im Kopf ist ja das Gehirnwasser. Dadurch allein, daß das Gehirnwasser drinnen ist, wird das Gehirn so leicht, daß es überhaupt im Menschen bestehen kann. Denn ein Körper, der einfach in der Luft ist, der hat eine gewisse Schwere, ein gewisses Gewicht. Wenn wir ihn aber ins Wasser hereinsenken, da wird er leichter. Wenn das nicht der Fall wäre, könnte man nicht schwimmen. Und sehen Sie, das Gehirn, das wäre, wenn es nicht im Wasser wäre, ungefähr 1500 Gramm schwer. Ich habe Ihnen das schon einmal gesagt: Dadurch, daß das Gehirn im Wasser drinnen schwimmt, ist es nur 20 Gramm schwer. So viel wird das leichter; 20 Gramm ist es nur schwer! Aber je mehr Salze im Gehirn abgelagert werden, desto schwerer wird es, weil die Salze eben das Gewicht des Gehirnes vergrößern. Es wird dann einfach zu schwer durch die Salze.

Nun können wir also sagen: Beim Menschen ist das so, daß dann, wenn er die Salze im Gehirn ablagert, das Salz leichter gemacht wird – das ganze Gehirn wird (durch den Auftrieb) leichter gemacht. Aber nun denken Sie einmal, wie das beim Menschen anders ist als beim Tier. Sie müssen sich ja denken, daß der Mensch seinen Kopf auf seinen ganzen Organismus draufgesetzt hat. Da hat der Kopf eine ordentliche Unterstützungsfläche. Beim Tier ist das anders. Da hat der Kopf nicht diese Unterstützungsfläche, sondern da ist der Kopf rein nach vorne gerichtet. Was folgt daraus? Nun, beim Menschen wird also der Druck, den der Kopf da ausübt, obwohl er sehr leicht ist, vom Körper aufgefangen. Beim Tier wird er nicht vom Körper aufgefangen. Sehen Sie, darinnen besteht der Hauptunterschied des Menschen vom Tier.

Die Naturforscher denken immer nach, wie sich der Mensch aus den Tieren heraus entwickelt hat. Es ist ja ganz gut, so nachzudenken, aber man kann den Menschen nicht so betrachten.

Man kann nicht sagen: Das Tier hat so und so viele Knochen, und der Mensch hat ebenso viele Knochen. Der Affe hat so und so viele Knochen, der Mensch ebenso viele. Also ist das einerlei. – Das kann man nicht sagen. Beim Affen bleibt noch immer vorhanden, daß der Kopf vorne überhängt, wenn er noch so aufrecht geht, selbst wenn er ein Orang-Utan oder ein Gorilla ist. Der Mensch ist schon so eingerichtet, daß der Kopf aufsitzt auf dem Körper, daß der ganze Druck aufgefangen wird vom Körper. Was geschieht da?

Nun, da geschieht etwas höchst Eigentümliches. Wir haben in uns Zucker, flüssiges Eiweiß, Glyzerin, Säuren, Salze. Die Salze, die gehen vom Bauch herauf in den Kopf und lagern sich dort ab, müssen wiederum zurück, gehen dann durch den Körper wieder zurück, wenn sie zu viel sind. Aber in bezug auf die übrigen Stoffe muß noch etwas anderes geschehen im Körper. Und da geschieht, während die Stoffe heraufgehen, eine neue Umwandlung. Die geschieht einfach dadurch, daß der Körper die Schwerkraft abfängt. Die Stoffe werden immer leichter und leichter, ein gewisser Teil; ein anderer Teil setzt sich als Dickliches ab. Wie sich, wenn man etwas auflöst, auch ein Satz absetzt, so bildet sich gewissermaßen überall auf dem Weg vom Bauch zum Kopf Satz; die feinsten Teile, die gehen nach oben und werden durch diese leichter gemachte Schwerkraft umgewandelt. Und was entsteht da, wenn die leichtesten Teile der Speisen, die bis zum Kopfe gehen, umgewandelt werden? Da entsteht aus den Speisen eine Art von Phosphor. Und das ist tatsächlich der Fall, daß aus den Speisen eine Art von Phosphor entsteht, so daß die Speisen nicht einfach in den Kopf hinaufdringen. Es dringt viel herauf, Zucker, Glyzerin und so weiter, alles mögliche dringt herauf, aber ein Teil davon wandelt sich, bevor er heraufkommt, in Phosphor um.

Sehen Sie, meine Herren, so haben wir in unserem Kopfe Salze, die fast unverändert von der Außenwelt aufgenommen sind, heraufgedrungen sind, und so haben wir in luftförmig fein verteiltem Zustande, eigentlich viel feiner noch als die Luft, Phosphor ausgebreitet. Und das sind die hauptsächlichsten Stoffe, die im menschlichen Kopf sind: Salze und Phosphor. Die anderen sind nur da, damit er sich als Lebewesen erhalten kann. Aber die wichtigsten sind Salze und Phosphor. So daß wir also sagen können: Im Kopfe des Menschen ist das Wichtigste Salz und Phosphor.

Nun kann man auf eine Art, die ich Ihnen nächstens auch noch zeigen werde, nachweisen, daß wenn der Mensch nicht eine richtige Menge Salz im Kopfe hat, er dann nicht ordentlich denken kann. Man muß eine richtige Menge Salz im Kopf haben, damit man ordentlich denken kann. Salz im Kopf, das ist dasjenige, dessen man sich bedienen muß zum Denken. Das kommt zu dem noch hinzu, was ich Ihnen schon für das Denken gesagt habe. Die Dinge im Menschen sind eben kompliziert.

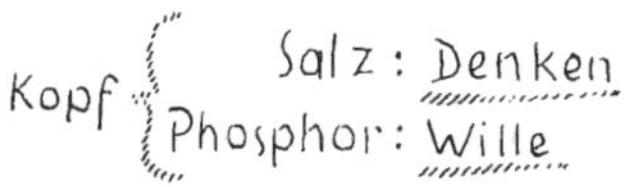

Und wenn wir einfach zu viel Phosphor in uns haben, das heißt, zu feurige Speisen essen, dann werden wir ein furchtbarer Zappelfritz, der alles angreifen will, der immer wollen will. Dadurch, daß wir den Phosphor haben, ist der Wille da. Und wenn wir zu viel Phosphor haben, dann fängt dieser Wille an zu zappeln. Und wenn dann der Organismus so ist, daß er überhaupt durch seine ganze Zusammensetzung zu viel Phosphor in den Kopf hinaufschickt, dann fängt der Mensch nicht nur an zu zappeln, und wie man sagt, nervös – das hat nichts mit den Nerven, sondern mit dem Phosphor zu tun – herumzuzappeln in der Welt, sondern er fängt an zu toben und wird ein Verrückter, wird tobsüchtig. Wir müssen ein klein wenig Phosphor in uns haben, damit wir überhaupt wollen können. Aber wenn wir zu viel Phosphor machen in uns selber, dann werden wir verrückt.

Nun, meine Herren, denken Sie jetzt einmal darüber nach, wenn Ihnen jemand Salz gibt, wie Sie das zum Denken bringen. Ich möchte Ihnen schon raten, einmal ein Salzfaß zu nehmen und zu versuchen, das zum Denken zu bringen! Sie tun es fortwährend; in Ihrem Kopfe drinnen tun Sie fortwährend das, daß Sie das Salz verwenden zum Denken. Und dann, nicht wahr, bitte reiben Sie ein bißchen Phosphor ab von einem Zündholz, lösen Sie es ein wenig ab, daß er ganz fein wird, dann zünden Sie den unten an und versuchen Sie ihn zu verbrennen. Der soll nun wollen! Verbrennen, das heißt, verflüchtigen tut er sich, aber wollen tut er nicht! Das aber machen Sie fortwährend in sich. Sagen Sie sich jetzt nicht, daß da etwas in Ihnen ist, was wahrhaftig gescheiter ist als unser dummer Kopf, der sehr wenig kann, der nicht aus dem Salz ein Denkwesen machen kann, aus dem Phosphor ein Willenswesen? Und das ist dasjenige in uns, was man das Seelisch-Geistige nennen kann. Das ist das Lebende, Webende, was man das Seelisch-Geistige nennen kann. Das steckt da drinnen in uns, bedient sich des Salzes im Kopfe zum Denken, und bedient sich des Phosphors, der da herauf geht wie ein Rauch, ganz fein, um zu wollen.

So kommt man aus dem Körperlichen ins Seelische und ins Geistige herein, wenn man richtig betrachtet. Aber was tut die heutige Wissenschaft? Die hört beim Bauch auf. Die weiß höchstens, daß im Bauch Zucker und so weiter entsteht; nachher verliert sie aber die Spuren, wenn die Dinge da weiter sich verteilen, weiß nichts davon, was da weiter geschieht. Deshalb kann die Wissenschaft vom Seelischen und Geistigen nichts erzählen. Diese Wissenschaft muß ergänzt, erweitert werden. Man muß nicht auf den Bauch sich beschränken und den Kopf nur höchstens aufgesetzt sich denken. Aber das sieht man ja nicht, wie da Salze und Phosphor heraufgekommen sind. Da glaubt man, es gehe im Kopfe auch so zu wie im Bauch. Die ganze Sache ist davon abhängig, daß die heutige Wissenschaft nur etwas weiß über den Bauch, aber auch nur, daß da etwas entsteht, aber nicht weiß, daß die Leber wahrnimmt und die Nieren denken. Das weiß sie schon nicht. Das weiß sie aus dem Grunde nicht, weil sie auch vom Kopfe nichts weiß. Da sucht sie es natürlich gar nicht, hält dasjenige schon für vollständig, was auf dem Seziertisch von der Leber liegt. Es ist aber nicht das Vollständige, denn das hat die Seele verloren, als es in dem Zustande war, in dem man es aus dem Leibe einfach herausgeschnitten hat. Solange das Seelische drinnen ist, können Sie es nicht aus dem Leibe herausschneiden. Also Sie sehen, daß eine ernsthafte Wissenschaft da weiter arbeiten muß, wo die heutige Wissenschaft aufhören muß. Das ist das, worauf es ankommt. Deshalb haben wir hier das Goetheanum gebaut, damit die Wissenschaft nicht bloß über den Bauch etwas Unvollständiges weiß, sondern über den ganzen Körper etwas erklären kann. Dann wird das auch eine wirkliche Wissenschaft sein.

Ernährungsfragen. Wirkung von Kartoffeln, Rübe und Rettich

Dornach, 18. Juli 1923

Es blieben ja noch manche von den Fragen, die neulich[27] gestellt worden sind, zurück. So wie ich neulich einmal angeknüpft habe an eine Bemerkung eines Gelehrten über den Traum, so will ich auch heute anknüpfen an etwas, was einem gegenwärtigen Gelehrten doch viel Kopfzerbrechen gemacht zu haben scheint – wir werden dadurch schon auch auf unsere Besprechung kommen –: das ist der Eidechsenschwanz. Sie wissen, wenn man insbesondere eine größere Eidechse hat und sie am Schwanz packen will, dann bricht der Schwanz ab. Man sagt: die Eidechse ist spröde. Und man kann wirklich sehr schwer Eidechsen, die größer sind, bekommen, wenn man sie am Schwanz faßt, denn der Schwanz ist spröde, er bricht ab, und sie läuft ganz flott weiter ohne Schwanz. Die Versuche der Gelehrten gehen dahin, zu ergründen, ob der Tierschwanz tatsächlich ausgerissen wird oder ob er von dem Tier zurückgelassen wird. Nun geht die gegenwärtige Wissenschaft von dem Materialismus aus, und dadurch denkt man nach, wie das Tier sehr schwache Muskeln hat, die diese Teile des Schwanzes zusammenhalten, und wie es diese Muskeln nicht mehr zusammenhalten kann, wenn es abgefangen wird.

Nun besteht aber eine merkwürdige Tatsache, und die berücksichtigen die Leute dabei sehr wenig. Das ist die Tatsache, daß doch die Eidechsen, wenn sie gefangen sind, längere Zeit in Gefangenschaft gelebt haben, diese eigentümliche Art, den Schwanz leicht ausgerissen zu bekommen, verlieren. Dann stärkt sich der Schwanz, und dann kann man ihn nicht so leicht ausreißen; dann hält er besser. Das ist eine eigentümliche Erscheinung, daß die Eidechsen, wenn sie draußen sind, den Schwanz leicht verlieren; wenn sie in der Gefangenschaft sind, hält er besser. Woher kommt das?

Sehen Sie, da denken nun die Leute lange nach, wie das durch die kleinen Muskeln da am Schwanz bewirkt werden könnte, währenddem doch gerade die Tatsache sehr leicht darauf führt, woher das rührt, daß das Tier in der Gefangenschaft weniger leicht den Schwanz ausgerissen erhält. Das rührt davon her, daß das Tier doch etwas Angst haben wird, wenn man es draußen abfangen will. Das ist doch nichts Gewöhnliches, wenn es draußen abgefangen wird. Das kommt zum ersten Mal vor. Da kommt zum ersten Mal ein Mensch in seine Nähe, da hat es Angst, und dadurch, daß es Angst hat, wird es so spröde, daß es den Schwanz verliert. Wenn es sich in der Gefangenschaft an die Menschen gewöhnt, wenn die Menschen alle Augenblicke in seine Nähe kommen, da hat es keine Angst mehr und verliert den Schwanz nicht.

Wir sehen also, wie schon eine ganz oberflächliche Betrachtung darauf führt, daß da die heillose Angst bei der Eidechse eine wesentliche Rolle spielt. Nun müssen wir aber weitergehen und sagen: Ja, diese Angst, die die Eidechse hat, wenn der Mensch in ihre Nähe kommt und sie abfangen will, die ist ja nur etwas, was beim Tier herauskommt, wenn der Mensch es abfängt, was aber immer im Tier drinnen steckt, und diese Angst ist es, die die Materie des Tieres, den Stoff des Tieres zusammenhält und stark macht.

Dafür werde ich Ihnen eine ganz merkwürdige Erscheinung im Menschenleben anführen. Sie werden schon gehört haben, daß Menschen, die sehr stark abhängig sind von ihrem Seelenleben, wenn sie Angst verspüren, dann Durchfall bekommen.

Die Ängstlichkeit macht Durchfall. Und was bedeutet das? Das bedeutet, daß dasjenige, was in den Gedärmen ist, nicht mehr zusammengehalten wird. Ja, was hat denn diese Sache in den Gedärmen zusammengehalten? Sehen Sie, wenn die Angst in die Seele heraufzieht, dann hält sie die Dinge in den Gedärmen nicht mehr zusammen; wenn die Angst aber unten in den Gedärmen ist, hält sie den Stoff zusammen.

Und so ist es auch bei der Eidechse. Wenn man eine Eidechse ansieht (es wird gezeichnet), so ist diese Eidechse geradeso wie unser eigener Unterleib fortwährend im ganzen mit Angst ausgefüllt, also mit etwas Seelischem. Und insbesondere ist der Schwanz durch Angst ausgefüllt. Wenn das Tier seine Angst herauspreßt, dann zerbricht der Schwanz, aber die Angst bleibt doch im Tiere stecken. Das Tier fühlt die Angst nicht, wenn das Tier in der Gefangenschaft ist, weil es sich an die Menschen gewöhnt hat, und die Folge davon ist, daß die Angst dann den Schwanz zusammenhalten kann. Da sehen wir eine ganz bestimmte seelische Eigenschaft, welche eine gewisse Bedeutung hat für die körperliche Beschaffenheit.

Wir Menschen haben auch die Angst in uns. In unserer großen Zehe, in den Beinen, in dem Bauche, überall steckt die Angst.[28] Nur über das Zwerchfell traut sie sich nicht herauf, kommt nur herauf, wenn wir Angstträume haben. Aber in uns steckt die Angst. – Doch die Angst hat ihren guten Zweck; die hält unseren Organismus zusammen. Und in den Knochen, da steckt die allermeiste Angst. Die Knochen sind so fest, weil da eine furchtbar starke Angst drinnen steckt. Die Angst ist es, die die Knochen fest hält. In dem Augenblick, wo man zu stark seine Knochen spürt, kriegt man Knochenerweichung. Daher werden Sie bei ängstlichen Menschen, solchen, die schon in der Jugend ängstlich waren, wo die Knochen noch nicht hart sind, sehr leicht die Knochen weich sind, aber die Leute ängstlich sind, dies bestätigt finden, und man kann daher rachitische Kinder dadurch, daß man ihnen die Angst durch irgend etwas austreibt, namentlich auch auf seelische Weise heilen. Aber es wäre doch ganz falsch, wenn man sagen würde: Also steckt in uns die Angst, etwas Seelisches. Wir brauchen nur die Angst etwas höher heraufzuziehen, dann könnten wir höhere Erkenntnisse kriegen. – Das wäre nicht gut, weil wir uns da zugleich seelisch und körperlich krank machen würden. Wir müssen vielmehr etwas anderes tun.

Sehen Sie, wir müssen, wenn wir Erkenntnisse der geistigen Welt gewinnen wollen – ich habe Ihnen ja schon die anderen Mittel gesagt –,[29] wir müssen uns richtig in die äußere Welt hineinleben, richtig hineinleben. Nun, wie leben sich denn die Leute in die äußere Welt hinein? Sie haben ja das in den letzten Wochen wieder wunderbar sehen können. Nicht wahr, wir haben fürchterlich gefroren, und nachher haben wir wieder fürchterlich geschwitzt. Nun also, so leben sich die meisten Menschen in die Welt hinein, daß sie nichts weiter spüren, als daß sie das eine Mal fürchterlich schwitzen, das andere Mal fürchterlich frieren. Aber das ist nicht das einzige, wie man sich in die äußere Welt hineinleben kann, sondern es ist so, daß man in sich ausbildet eine bestimmte Fähigkeit, daß man nicht nur friert, wenn es kalt wird, sondern wenn es kalt wird, hindeutet auf das Kalte und eine Art von Angst kriegt, und daß man weiß, wenn es warm wird, da vergeht einem diese Angst. Wenn man das in sich ausbildet, daß man eine gewisse Angst vor dem Schnee hat und ein gewisses Wohlgefühl vor den warmen Sonnenstrahlen, dann ist das einfach etwas, was zu der höheren Erkenntnis führt, was dazugehört zu dem anderen, was ich Ihnen geschildert habe. Und es ist schon einmal so: Derjenige, der höhere Erkenntnis gewinnen will, der muß, wenn er zu einem glühenden Stück Eisen herangeht, etwas fühlen, und er muß, wenn er zu einem Kieselstein herangeht, etwas fühlen. Wenn er zu einem glühenden Eisen herangeht, muß er innerlich das Gefühl haben: Das ist etwas mit deiner eigenen Wärme Verwandtes, das tut dir wohl. – Aber wenn er einen Kieselstein in die Hand nimmt, dann muß ihm das unheimlich sein, es muß ihm ängstlich zumute sein.[30]

Nun, meine Herren, daraus sehen Sie aber zugleich, daß derjenige, der höhere Erkenntnisse erwerben will, nicht nervös sein darf, wie man heute sagt, sonst würde er ja, wenn er einen Kieselstein in die Hand nimmt, den gleich fallen lassen, weil er ihm Angst macht. Man muß mutig sein und die Angst ertragen. Und ebenso darf er es nicht machen wie die Mücke, die so große Wollust am Licht hat, daß sie sogar hineinsaust und ihren Tod findet. Gerade an dem Insekt, das in die Flamme hineinsaust, sehen Sie, wie die Flamme verwandt ist mit dem Geistig-Seelischen.

Und so können wir sagen: Wir müssen uns erwerben ein inneres Gefühl, eine innere Empfindung für dasjenige, was da draußen in der Natur vorhanden ist. – Was kommt dadurch heraus? Ja, sehen Sie, meine Herren, die Erde hat zunächst das feste Gestein (Zeichnung S. 81, hell unten). An das feste Gestein der Erde glauben die Materialisten, denn da können sie darauf gehen; das ist, wenn man es angreift, hart. An das feste Gestein glauben die Materialisten. Aber gerade vor dem festen Gestein bekommt derjenige, welcher höhere Erkenntnisse erwerben will, eine gewisse Ängstlichkeit.

Diese Ängstlichkeit, die ist gar nicht vorhanden, wenn der Mensch in der erwärmten Luft ist. Ich will da die erwärmte Luft nun darüber zeichnen, über das feste Gestein. Wenn der Mensch die erwärmte Luft betrachtet, dann ist diese Ängstlichkeit gar nicht vorhanden, denn die erwärmte Luft – ich will sie dadurch erwärmt zeichnen, daß ich sie etwas rötlich mache –, die macht nicht ängstlich. Aber man kann es doch dahin bringen, daß einen die erwärmte Luft auch ängstlich macht. Das ist gerade dann der Fall, wenn man versucht, mit demjenigen, was man da fühlt gegenüber der erwärmten Luft, immer mehr und mehr fertig zu werden dadurch, daß es einem gefällt. Denken Sie: Da ist einer, der fühlt sich immer wohler und wohler in der erwärmten Luft. Jetzt fängt die erwärmte Luft aber an, ihn auch ängstlich zu machen! Je wohler man sich fühlt, desto ängstlicher macht die erwärmte Luft.

Wenn man also jetzt sich gewöhnt, sich recht wohl zu fühlen bei der erwärmten Luft, wenn man sozusagen sich an die Wärme immer mehr und mehr gewöhnt – solche Dinge sind notwendig, man muß sich in die ganze Natur hineinstellen, wenn man geistige Erkenntnis gewinnen will –, dann fängt die Sache an, ganz merkwürdig zu werden. Ich will es Ihnen noch deutlicher machen. Die meisten Menschen suchen sich wieder abzukühlen, wenn ihnen warm wird. Da kennen sie natürlich nichts anderes, als daß ihnen gern kühler wird. Aber wenn man aushält die Wärme, wenn man darinnenbleibt in der Wärme, wenn man die Wärme gerade als Wohlgefühl empfindet, dann fängt dasjenige, was ich Ihnen hier in der Luft schematisch gezeichnet habe (gelb), an, ganz merkwürdig sich mit allerlei Bildern (hell oben) anzufüllen, und es beginnt richtig aufzutreten die geistige Welt – die geistige Welt, die sonst in der Luft enthalten ist, die aber der Mensch nicht fühlt in der Luft, nicht wahrnimmt in der Luft, weil er die Wärme der Luft nicht aushalten will.

Wenn man sich angewöhnt hat, alle diese geistigen Wesenheiten, die in der Luft enthalten sind, die aber der Mensch nicht wahrnimmt, weil er die Wärme der Luft nicht aushalten will – wenn man sich angewöhnt hat, diese Wesenheiten zu sehen, dann kommt man auch nach und nach darauf, in bezug auf das feste

Gestein etwas Merkwürdiges wahrzunehmen. Da kommt man nämlich darauf, daß man sich sagt: Ja, wenn ich mit meiner tapsigen Hand auf einen Stein greife, da ist er hart. Aber wenn ich nun immer mehr und mehr anfange, Geistiges wahrzunehmen, wenn ich immer mehr und mehr ins Geistige hineinkomme, wenn immer mehr und mehr um mich nicht nur das Sinnliche, sondern auch das Geistige ist, ja, da kann ich zwar nicht mit meinem physischen Körper aus Fleisch und Blut in den Erdboden hineinschlüpfen, aber mit meinem astralischen Leib, von dem ich Ihnen gesprochen habe, kann ich anfangen in den Erdboden hineinzuschlüpfen. – Das ist sehr interessant: In dem Momente, wo man anfängt, im Luftraum Geistiges wahrzunehmen durch all die Mittel, von denen ich Ihnen gesprochen habe, in dem Momente schlüpft man selber so weit aus seinem Leibe heraus, daß man die Steine gar nicht mehr als Hindernis empfindet, sondern untertaucht, wie der Schwimmer ins Wasser, in den festen Erdboden. Da geht man selber hinein (Zeichnung, rot unten). Das ist außerordentlich interessant. In die Luft kann man nicht hineingehen als Geist, weil einem da andere Geister erscheinen. In den Erdboden – der ist eigentlich für den Geist leer –, da kann man leicht hineinkriechen, da kann man untertauchen wie ein Schwimmer.

Und, sehen Sie, der Mittelzustand ist der mit dem Wasser (blau). Das Wasser verdunstet nach oben und kommt als Regen wieder herunter. Da oben – das haben Sie schon gesehen –, da bilden sich oftmals Blitze (rot oben). Das Wasser ist zwischen dem festen Erdboden und der Luft. Es ist dünner als der feste Erdboden, es ist dichter als die Luft. Ja, was heißt denn das? Das heißt etwas, was man am besten sieht, wenn man zum Blitz hinaufschaut. Beim Blitz, da sagen die Gelehrten: das ist ein elektrischer Funke. Warum ist das nach den Gelehrten ein elektrischer Funke? Nun,

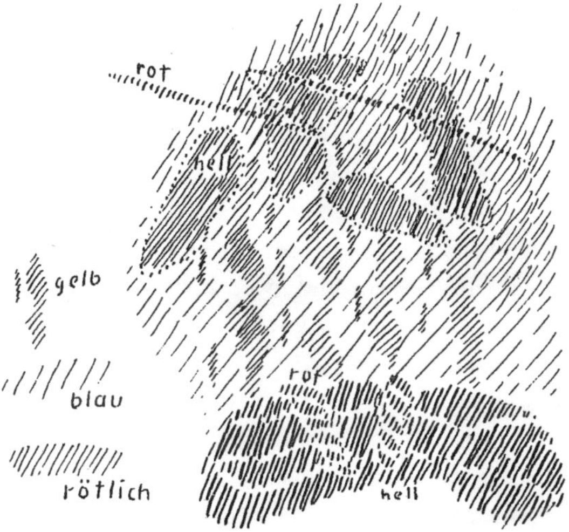

Sie wissen ja vielleicht schon – sonst sage ich es Ihnen jetzt –, wenn man eine Siegellackstange nimmt, diese mit einem Lederlappen, einem Stück Leder reibt, dann wird sie elektrisch, und wenn man dann kleine Papierschnitzel hat, dann werden sie von der Siegellackstange angezogen. Und so kann man die verschiedensten Körper durch Reiben oder auf andere Weise elektrisch machen. Das wird den Kindern in der Schule schon gezeigt.

Aber da ist etwas ganz Bestimmtes notwendig. Wenn man nämlich in einem dunstigen Schulzimmer ist, da wird keine Siegellackstange elektrisch – die anderen Dinge werden dann bei Experimenten auch nicht elektrisch –, und man muß zunächst mit einem ganz trockenen Tuch alles sauber abwischen, weil das Wäßrige keine Elektrizität erzeugt. Dann kann man Elektrizität erzeugen. Nun sagen die Gelehrten: Da oben sind die Wolken, die reiben sich aneinander und machen den elektrischen Funken, den Blitz. – Ja aber, meine Herren, jedes Kind könnte einwenden: Aber du mußt doch gerade das Wäßrige abhalten können, denn wenn du nur etwas Wäßriges an deinem Apparat hast, dann entsteht ja die Elektrizität nicht! – Das kann jedes Kind einwenden. Solcher Unsinn wird also gesagt. Es ist natürlich überhaupt gar keine Rede davon, daß da oben sich die Wolken reiben.

Aber denken Sie, wenn das Wasser verdunstet und hinaufgeht, dann kommt es immer mehr und mehr in eine Region der Geistigkeit, entfernt sich von dem geistleeren Stoff da unten und dringt in die Geistigkeit oben ein, und der Geist ist es wirklich, der den elektrischen Funken erzeugt, den Blitz. Wir kommen nämlich, indem wir immer weiter und weiter hinaufgehen, in die Region des Geistigen hinein. Die Erde hat nur in der Nähe das Materielle. Weiter oben ist sie von dem Geistigen umgeben. Wir kommen also da wirklich in das Geistige hinein. Und so ist es, daß in dem Momente, wo der Wasserdunst hinaufgeht und in die Region des Geistes kommt, da kann aus dem Geiste heraus der Blitz entstehen. Das Wasser vergeistigt sich oben und kommt wieder verdichtet herunter. Man muß also, wenn man Naturbetrachtungen übt, auch schon zum Geiste hin kommen. Und nur dann, wenn man überhaupt nicht auf das Geistige Rücksicht nehmen will, kommt man zu allerlei solch absurden Sachen, wie die sind, die ich Ihnen vom Flugtraum gesagt habe oder von dem Eidechsenschwanz oder vom Blitz. Man sieht eben überall, daß man die Natur nicht erklären kann, wenn man nicht zuerst in das Geistige eindringt.

Jetzt können Sie sich auch das klarmachen: Wenn der Mensch auf der Erde steht, so ist er eigentlich von unten herauf immer so, daß er mit dem Geistigen von unten verwandt ist; da kann er untertauchen wie ein Schwimmer. Wenn wir also in der Nacht mit unserem astralischen Leib und mit unserem Ich aus dem physischen Leib und aus dem Ätherleib herausgehen, so gehen wir eigentlich überall in die feste Umgebung hinein. Wir verbinden uns mit dem, was fest ist, denn in das Luftförmige können wir nicht hinein, und wandern tatsächlich im Festen herum.

Dieses Herumwandern im Festen, das hat aber eine große Bedeutung. Wenn wir, wie ich Ihnen vorhin gesagt habe, uns zu der Wärme in der rechten Weise verhalten, dann kommen wir dazu, die geistigen Wesenheiten der Luft zu sehen. Wenn wir aber in der Nacht aus unserem Leibe herausgehen und uns mit dem Irdischen als Geist verbinden, dann kann es so sein, daß wir, wenn wir aufwachen, noch immer etwas von dem haben, was wir erlebt haben in dem festen Stoff der Erde drinnen. Da haben wir noch etwas drinnen in uns; in unserem Seelischen haben wir etwas drinnen.

Nun, das ist etwas, was außerordentlich interessant ist. Denn Sie werden schon bemerkt haben: Wenn man aufwacht, so hört man sehr leicht Töne. Und wenn Sie recht achtgeben beim Aufwachen, dann werden Sie das Merkwürdige erleben, daß Sie sich sagen: Jetzt hat da jemand an meine Türe geklopft! – Das ist eben ganz merkwürdig: Wenn man in die Luft sich hineinlebt mit seiner Seele, dann schaut man etwas, dann entstehen Bilder. Wenn man sich aber in das Feste, in das Stoffliche hineinlebt mit seiner Seele, wie der Schwimmer im Wasser untertaucht, dann erlebt man Töne. Und gerade das ist das außerordentlich Wichtige, daß alle festen Stoffe fortwährend Töne von sich geben, die man nur nicht hört, weil man nicht drinnensteckt. Jeder feste Stoff hat fortwährend Töne in sich, und die hört man eben noch beim Aufwachen, weil man da noch halb drinnensteckt.

Aber diese Töne können durchaus etwas bedeuten, und es ist durchaus richtig, daß, wenn zum Beispiel irgendwo in der Ferne jemand gestorben ist und der Mensch beim Aufwachen etwas hört wie An-die-Tür-Klopfen, so steht das im Zusammenhang mit dem Gestorbenen. Nun ist der Mensch natürlich nicht fähig, diese Dinge in der richtigen Weise zu deuten. Denn denken Sie nur einmal: Sie würden ja alle nicht lesen können, also die Buchstaben auf dem Papier nicht deuten können, wenn Sie es nicht gelernt hätten. Ebensowenig können Sie dieses Wunderbare, was da wirkt, wenn man im Aufwachen Töne hört, deuten. Sie brauchen ja nicht zu glauben, daß da just der Verstorbene an der Tür ist und wie mit den Fingern klopft. Aber der Verstorbene, der in den ersten Tagen nach dem Tode noch anwesend ist auf Erden, der lebt in den festen Körpern drinnen. Und das ist etwas, was Ihnen gar nicht wunderbar zu scheinen braucht, daß da gerade durch die Verbindung mit dem Festen Töne entstehen, wie also immerzu erzählt worden ist in den Zeiten, wo man noch mehr achtgegeben hat auf solche Sachen. Daß die Menschen Ahnungen haben, wenn jemand in der Ferne stirbt, das hat seine gute Bedeutung. Ein Mensch ist gestorben. Er ist mit seiner Seele zunächst noch ans feste Erdreich gebunden. Da entstehen die Töne, die von ihm ausgehen. Der Mensch verläßt tönend das irdische Dasein. Das können Sie natürlich geradesogut in der Weite hören, wie Sie in der Weite lesen können, was einer in Amerika aufgibt. Ein Telegramm kann man in Amerika lesen. Solche Fernwirkungen durch den Erdenstoff sind da, sind auf Erden da, sie sind immer da. Und in den Zeiten, in denen man eben achtgegeben hat auf solche Sachen, hat man den Zusammenhang des Geistigen mit dem Irdischen durchaus gewußt. Das ist nicht bloß ein Märchen, das ist tatsächlich etwas, was in früheren Zeiten eben wahrgenommen worden ist. Also Sie sehen, man kommt da in ganz bestimmte Dinge hinein, die heute als Aberglaube gelten, die man ebenso wissenschaftlich, wie andere wissenschaftliche Dinge nachweisen kann.

Nur muß man diese Dinge auch ganz genau kennen. Denn sehen Sie, wenn man dazu kommen würde, in der Luft die geistige Welt wahrzunehmen, wenn also die Menschen nicht gar so wehleidig sein würden, wie sie heute sind – Sie wissen doch, je zivilisierter die Menschen werden, desto wehleidiger werden sie in einer gewissen Beziehung, und diejenigen, die, sagen wir, durch ihre Arbeit in einer furchtbaren Hetze leben müssen, die haben nicht Zeit während ihres Arbeitens, die geistige Welt wahrzunehmen –, so würde ihnen die geistige Welt, die in der Luft lebt, nicht entgehen. Aber dieses, daß man in der Luft geistige Wesen sehen würde, das wäre eigentlich etwas ziemlich Ungefährliches. Das könnte jeder Mensch ohne weiteres wahrnehmen, ohne daß es für ihn gefährlich wird.

Aber dieses Hören, wenn das zu stark den Menschen ergreift, und wenn er zu stark in einen Zustand kommt, wo er allerlei hört, das wird für den Menschen gefährlich. Die Sache ist ja diese: Es gibt Menschen, die kommen allmählich in einen Zustand, wo sie alle möglichen Worte hören. Es wird ihnen allerlei gesagt. – Diese Menschen sind auf dem Wege zum Wahnsinn. Man wird niemals eigentlich, indem man so die geistigen Wesen sieht, daß man sie in der Luft sucht, von einer Gefahr bedroht. Warum? Ja, ich muß Ihnen das durch einen Vergleich sagen: Wenn Sie in einem Boot fahren und ins Wasser fallen, können Sie ertrinken. Wenn Sie jemand nach oben zieht, so können Sie zwar auch allerlei erleben, aber ertrinken können Sie nicht. – Ebenso ist es, wenn die menschliche Seele nach oben herausgeht und allerlei sieht. Da kann ihr nichts passieren. Wenn sie nach unten in die feste Materie hineingeht, da kann sie, ich möchte sagen, geistig ertrinken. Und dieses Geistig-Ertrinken tritt ein, wenn die Menschen eben ihr Bewußtsein so verlieren, daß ihnen innerlich allerlei Dinge gesagt werden. Und das ist das Schlimme. Sehen Sie, wenn der

Mensch äußerlich das Geistige sieht, ja, dann ist es ja gerade so, wie wenn er in der Welt herumgeht, und wie er sich vor dem Stuhl, den er sieht, nicht fürchtet, so fürchtet er sich nach und nach auch nicht vor dem äußerlich Geistigen, sondern er hat es sogar gern. Aber dasjenige, was innerlich gehört wird – wir sinken ja in die feste Erde hinein mit unserem ganzen Geistigen und mit unserem ganzen Seelischen –, was da innerlich gehört wird, das nimmt einen ganz hin. Da ersäuft man drinnen, da hört man auf, Mensch zu sein. Daher muß man immer mit einer gewissen Wachsamkeit auf diejenigen Menschen hinsehen, die sagen, allerlei wird ihnen innerlich gesagt. Das ist immer etwas Gefährliches. Nur derjenige, der wirklich schon ganz fest in der geistigen Welt drinnensteht und sich auskennt, der weiß ja, was da eigentlich gesagt wird: daß es niemals besonders hohe geistige Wesen sind, die da zu einem sprechen, sondern daß es eigentlich immer diejenigen Wesen sind, die also eher niedriger Art sind. Sehen Sie, meine Herren, ich habe Ihnen diese Dinge jetzt ganz unbefangen gesagt aus dem Grunde, damit Sie sehen: Man muß wirklich als Mensch zu ganz anderer Auffassung der Außenwelt kommen, wenn man in die geistige Welt hineinkommen will.

Es gibt natürlich Menschen, die sagen: Ja, warum haben uns die Geister das so unbequem gemacht, sie kennenzulernen? – Ja, aber denken Sie einmal, was der Mensch für ein Wesen wäre, wenn er sich gar nicht anstrengen müßte, um hineinzukommen in die geistige Welt, wenn er immer drinnen wäre! Er wäre ja der reine geistige Automat. Erst dadurch kommt er zu den geistigen Wesen in ein rechtes Verhältnis, daß er sich eben anstrengen muß. Und es kostet die allergrößte innere Anstrengung, um in der geistigen Welt forschen zu können.

Es ist natürlich leicht, sich am Laboratoriumstisch breit zu machen und allerlei Versuche zu machen, es ist leicht, Leichen zu zerschneiden und allerlei kennenzulernen, aber es erfordert wirklich eine starke innere Arbeit, um wirklich in die geistige Welt hineinzukommen. Zu dieser Arbeit ist die heutige gebildete Welt zu faul. Und wegen dieser Faulheit ist es eigentlich auch immer, daß die Leute sagen: Ich habe Übungen gemacht aus *Wie erlangt man Erkenntnisse der höheren Welten?*, aber ich habe nichts gesehen. – Die Leute glauben, daß ihnen das äußerlich gegeben werden soll, daß sie nicht die Sache innerlich erarbeiten müssen. Meine Herren, das ist es eben, daß die Leute heute sich alles vormachen lassen wollen! Ich habe Ihnen schon gesagt: Der Mensch will alles verfilmen heute, er will überall einen Film machen lassen daraus, damit es äußerlich an ihn herantritt.

Wenn man richtig geistig vorwärtskommen will, muß man überall darauf sehen, daß, indem man etwas aufnimmt von der Welt, man es durcharbeiten muß. Daher werden diejenigen mehr zum Geistigen kommen, die in der Zukunft möglichst vermeiden, sich alles vorfilmen zu lassen, sondern recht viel mitdenken wollen, wenn ihnen von der Welt gesprochen wird. Und, sehen Sie, ich habe Ihnen keinen Film vorgeführt. Natürlich ist nicht die Zeit dazu da, aber wenn auch die Zeit da wäre, würde ich nicht versuchen, mit einem Film die Sache vorzuführen, sondern ich habe Ihnen Zeichnungen gemacht, die im Moment entstanden, wo Sie sehen konnten, was ich mit jedem Strich will, wo Sie mitdenken können. Das ist auch dasjenige, was schon in unseren Kinderunterricht heute einziehen muß: möglichst wenig fertige Zeichnungen, möglichst viel von dem, was da im Augenblick entsteht, wo das Kind jeden Strich sieht, der entsteht. Dadurch arbeitet das Kind innerlich mit, und dadurch werden die Menschen zur innerlichen Tätigkeit angeregt, die dann dazu führt, daß sie mehr ins Geistige sich hineinleben und wiederum Verständnis bekommen für das Geistige. Man soll auch nicht den Kindern wiederum ganze fertige Theorien vorbringen, denn dann werden sie ja dogmatisch. Sondern das, worauf es ankommt, ist, sie wiederum zur Selbsttätigkeit zu bringen. Dadurch wird auch ihr ganzer Körper freier.

Nun möchte ich Ihnen, weil das auch in einer der Fragen[31] enthalten ist, noch etwas anderes anführen. Sie werden ja vielleicht schon gehört haben, daß die Kartoffel erst zu einer bestimmten Zeit in Europa eingeführt worden ist. Kartoffelesser waren ja die Menschen in Europa nicht immer.

Es ist da zwar einmal eine eigentümliche Geschichte passiert. Sehen Sie, es gibt ein Lexikon,[32] an dem ich sogar mitgearbeitet habe, aber nicht an dem Artikel, von dem ich jetzt rede. Da steht etwas sehr Komisches drinnen, nämlich, es werde überall gesagt, daß ein gewisser Drake die Kartoffel in Europa eingeführt habe, sich dieses große Verdienst erworben habe. – In Offenburg, das jetzt die Franzosen besetzt haben, steht auch ein Drake-Denkmal. Nun war es mir einmal furchtbar komisch, als wir nachschauten im Konversationslexikon und da wirklich drinnen steht: Drake wurde in Offenburg ein Denkmal errichtet, weil er irrtümlich im Rufe gestanden habe, die Kartoffel nach Europa gebracht zu haben! – Also wenn von irgendeinem Menschen etwas angeblich gesagt wird, so wird ihm ein Denkmal errichtet in Europa! Nun, ich will aber davon nicht reden, sondern ich will davon reden, daß zu einer bestimmten Zeit die Kartoffel nach Europa gebracht worden ist.

Schauen wir uns einmal die Kartoffel an. Von der Kartoffel essen wir ja nicht eigentlich die Wurzeln. Die Wurzeln sind nämlich diese kleinen Dinger (es wird gezeichnet). Wenn da die Kartoffel wäre, so sind da diese Würzelchen erst daran. Die Kartoffel selber ist ein etwas dickerer Stengel. Also wenn eine gewöhnliche Pflanze wächst, so hat sie da die Wurzel, und nun wächst der Stengel.

Wenn aber der Stengel sich da verdickt, wie es bei der Kartoffel ist, so entsteht eine sogenannte Knolle, Sproßknolle. Aber das ist eigentlich ein verdickter Stengel, so daß man es bei der Kartoffel nicht mit einer Wurzel zu tun hat, sondern mit einem verdickten Stengel. Also, merken Sie sich das sehr gut: Wenn man eine Kartoffel ißt, so ißt man einen verdickten Stengel. Man nimmt seine Nahrung vorzugsweise aus einem verdickten Stengel. – Wir müssen uns nun fragen: Was hat das für eine Bedeutung für den Menschen, daß er mit der Kartoffel, die nach Europa gebracht worden ist, lernt, vorzugsweise einen verdickten Stengel zu essen?

Wenn Sie die ganze Pflanze anschauen, so besteht sie aus der Wurzel, aus dem Stengel, aus den Blättern und aus der Blüte (siehe Zeichnung). Es ist sehr merkwürdig bei der Pflanze: Die Wurzel da unten, die wird dem Erdboden sehr ähnlich und enthält namentlich viel Salze, und die Blüte da oben, die wird sehr ähnlich der warmen Luft. Da ist es so, wie wenn an der Blüte durch die Sonnenwärme fortwährend gekocht wird. Die Blüte enthält daher Öle und Fette, namentlich Öle. So daß wir also, wenn wir eine Pflanze anschauen, unten die Salze haben, die sich absetzen. Die Wurzel ist salzreich, die Blüte ist ölreich.[33]

Nun, die Folge davon ist, daß wir, wenn wir die Wurzel essen, dann viel Salze in unsere Gedärme hinein bekommen. Diese Salze, die finden den Weg bis zum Gehirn hin und regen unser Gehirn an. Also die Salze, die regen unser Gehirn an. Und es ist zum Beispiel, wenn jemand nicht an migräneartigem Kopfschmerz, sondern an den Kopfschmerzen leidet, die den Kopf ausfüllen, ganz gut, wenn er Wurzeln ißt. Sie können ja sehen, wie eine gewisse salzige Schärfe in vielen Wurzeln enthalten ist. Sie können das feststellen durch den Geschmack. Wenn Sie aber Blüten essen, da ist eigentlich die Pflanze schon halb gekocht. Da heraußen sind schon die Öle; das ist etwas, was vorzugsweise den

Magen und die Gedärme einfettet, das hat seine Wirkung auf den Unterleib. Das muß auch der Arzt berücksichtigen, wenn er Tee verschreibt. Niemals wird jemand, wenn er einen Tee aus der Blüte kocht, auf den Kopf eine starke Wirkung ausüben; dagegen wenn er die Wurzeln abkochen und das den Kranken trinken läßt, wird er eine starke Wirkung auf den Kopf ausüben. Also sehen Sie, während wir beim Menschen vom Bauch zum Kopf gehen müssen, von unten herauf, müssen wir bei der Pflanze den umgekehrten Weg machen, von der Blüte zu den Wurzeln. Die Wurzel der Pflanze ist mit dem Kopf verwandt. Die Blüte der Pflanze ist mit den Gedärmen und so weiter verwandt. Wenn wir das bedenken, wird uns gewissermaßen ein Licht aufgehen über die Bedeutung der Kartoffel. Denn die Kartoffel, die hat Knollen; das ist etwas, was nicht ganz Wurzel geworden ist. Man ißt also, wenn man viel Kartoffeln ißt, vorzugsweise Pflanzen, die nicht ganz Wurzel geworden sind. Wenn man sich also beschränkt auf das Kartoffelessen und zu viel Kartoffeln ißt, kriegt man nicht genug in den Kopf hinein. Es bleibt unten in dem Verdauungstrakt.

So daß es also so ist, daß mit dem Kartoffelessen die Menschen in Europa ihren Kopf, ihr Gehirn vernachlässigt haben. Diesen Zusammenhang sieht man erst, wenn man Geisteswissenschaft treibt. Da sagt man sich: Seit in Europa diese Kartoffelnahrung immer mehr und mehr überhand genommen hat, seit der Zeit ist der Kopf der Menschen unfähiger geworden.

Und es werden durch die Kartoffel vorzugsweise Zunge und Schlund angeregt. Wenn wir bei der Kartoffelpflanze hinuntergehen, so gehen wir nicht ganz bis zu der Wurzel. Ebenso ist es beim Menschen: Wenn wir nicht ganz bis zum Kopf heraufgehen und bleiben bei Zunge und Schlund, so werden die besonders angeregt durch die Kartoffel, und daher ist die Kartoffel als Mitspeise, als Zuspeise für die Leute sehr schmackhaft, weil sie dasjenige anregt, was unter dem Kopf ist und den Kopf unbelästigt läßt.

Wenn man Rote Rüben ißt, dann, meine Herren, bekommt man eine furchtbare Sehnsucht, viel zu denken. Das macht der Mensch ganz unbewußt. Wenn man Kartoffeln ißt, so bekommt man eigentlich die Sehnsucht, recht bald wieder zu essen. Die Kartoffel macht so schnell hungrig, weil sie nicht ganz bis zum Kopf geht. Die Rote Rübe macht sehr schnell satt, weil sie tatsächlich, was das Wichtige ist, bis zum Kopf geht und der Kopf das Wichtigste ist, weil sie ihn ganz durchsetzt mit Tätigkeit, wenn sie richtig in den Kopf hineingeht. Das ist ja den Menschen natürlich furchtbar unangenehm, daß sie denken sollen, und daher lieben sie manchmal eben mehr die Kartoffel als die Rote Rübe, weil die Kartoffel nicht zum Denken anregt. Da wird man faul. Sie regt nicht zum Denken an, man wird faul im Denken. Dagegen die Rote Rübe regt sehr stark das Denken an, weil sie eine richtige Wurzel ist. Sie regt sehr stark an zum Denken, aber sie regt so an, daß man eigentlich denken will, und wenn man nicht denken will, dann liebt man Rote Rüben nicht. Wenn man eine Anregung zum Denken braucht, so muß man insbesondere die salzige Anregung zum Beispiel von Rettichen brauchen. Wenn jemand nicht sehr regsam im Kopfe ist, so tut ihm das gut, weil ein bißchen die Gedanken in Bewegung gebracht werden, wenn er Rettich zu den Speisen hinzunimmt.

So sehen Sie, daß diese merkwürdige Sache auftritt: Man kann sagen, Rettiche regen das Denken an. – Und man braucht gar nicht selber sehr tätig zu sein im Denken; da kommen die Gedanken, wenn man Rettich ißt, so starke Gedanken, daß sie sogar noch ganz mächtige Träume machen. Wer viel Kartoffeln ißt, dem kommen nicht starke Gedanken, dagegen kommen ihm Träume, die ihm schwer machen. Und derjenige, der also fortwährend Kartoffeln essen muß, der wird eigentlich fortwährend müde sein und fortwährend schlafen und träumen wollen. Daher hat es eine große kulturhistorische Bedeutung, große geschichtliche Bedeutung, was für Nahrungsmittel eigentlich an die Menschen herankommen.

Da könnten Sie sagen, meine Herren: Ja, aber die Sache ist doch so, daß wir ja eigentlich ganz und gar von dem Stoffe leben! – Und doch ist das nicht wahr. Ich habe Ihnen schon oft gesagt: Wir Menschen haben ungefähr alle sieben Jahre einen neuen Körper. Der erneuert sich fortwährend. Dasjenige, was wir vor acht oder zehn Jahren an Stoff in unserem Körper hatten, das haben wir jetzt nicht mehr drinnen. Es ist heraus. Das haben wir uns mit den Nägeln weggeschnitten, mit den Haaren abgeschnitten, es ist durch den Schweiß herausgegangen. Das geht heraus. Manches geht recht schnell, manches langsam, aber es geht heraus.

Nun, wie stellt man sich die Geschichte mit dem Menschen eigentlich vor? Sehen Sie, man stellt es sich ungefähr so vor – ich will jetzt schematisch zeichnen (S. 94, rot) –: Da wäre der Mensch (hell). Nun sondert der Mensch fortwährend Stoff ab und nimmt immerfort neuen Stoff auf (Pfeile blau). So daß man sich also denkt: Durch den Mund kommt der Stoff herein, durch den After und Urin geht der Stoff wieder hinaus, und der Mensch ist so ein Schlauch. Er nimmt den Stoff auf durch Essen, behält ihn eine Zeitlang, und wirft ihn wieder heraus. So denkt man ungefähr, sei der Mensch aufgebaut.

Aber in den wirklichen Menschen geht nämlich gar nichts von dem Erdenstoff herein, gar nichts. Das ist bloß eine Täuschung. Die Sache ist nämlich so. Wenn wir, sagen wir, zum Beispiel Kartoffeln essen, dann handelt es sich gar nicht darum, etwas von der Kartoffel aufzunehmen, sondern die Kartoffel ist bloß etwas, was uns anregt, anregt in Kiefer, Schlund und so weiter. Da wirkt überall die Kartoffel. Und nun entsteht in uns die Kraft, diese Kartoffel wieder herauszutreiben, und während wir sie heraustreiben, kommt uns aus dem Äther, nicht aus dem festen Stoff, dasjenige entgegen (Pfeile hell), was unseren Körper im Laufe von sieben Jahren aufbaut. Wir bauen uns eigentlich gar nicht aus dem Stoff der Erde auf. Was wir essen, essen wir bloß, damit wir eine Anregung haben, in Wirklichkeit bauen wir uns aus dem auf, was oben ist. So daß das Ganze, was sich die Menschen vorstellen, daß da die Nahrung hereinkomme und daß dort die Nahrung wieder herausgehe und in der Zwischenzeit etwas drinnen bleibe, gar nicht stimmt; das bildet nur eine Anregung. Da kommt eine Gegenkraft aus dem Äther heran, und wir bauen uns unseren ganzen Körper aus dem Äther heraus auf.[34] Alles, was wir an uns haben, ist nicht aus dem Stoff der Erde heraus aufgebaut. Sie sehen, wenn wir hinstoßen und es stößt wieder her, so dürfen Sie den zweiten Stoß nicht verwechseln mit dem Hinstoßen. Sie dürfen nicht die Tatsache, daß wir Nahrung brauchen, damit wir nicht faul werden im Wiederherstellen unseres Körpers, verwechseln damit, daß wir diese Nahrung in uns hineinnehmen.

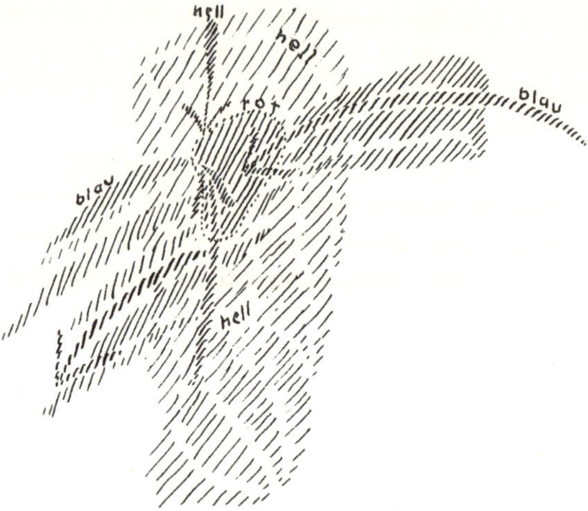

Nun ist es so, daß allerdings Unregelmäßigkeiten eintreten können. Wenn wir nämlich zuviel Nahrung aufnehmen, dann bleibt allerdings die Nahrung zu lange in uns drinnen. Dann sammeln wir unberechtigten Stoff in uns auf, werden korpulent, dick und so weiter. Wenn wir zuwenig aufnehmen, haben wir zuwenig Anregung und nehmen zuwenig das, was wir brauchen, aus der geistigen Welt heraus, aus der ätherischen Welt.

Aber das ist etwas so Wichtiges, meine Herren, daß wir uns gar nicht aufbauen aus der Erde und ihren Stoffen, sondern daß wir uns aufbauen aus dem, was außer der Erde ist! Wenn das so ist, daß in sieben Jahren der ganze Körper erneuert wird, wird ja auch das Herz erneuert (rot). Das Herz, das Sie also in sich getragen haben vor acht Jahren, das haben Sie jetzt nicht mehr in sich, sondern das ist erneuert worden, erneuert worden nicht aus dem Stoff der Erde, sondern erneuert worden aus dem, was im Lichte die Erde umgibt. Zusammengedrücktes Licht ist Ihr

Herz! Sie haben Ihr Herz tatsächlich aus dem Sonnenlicht zusammengedrückt. Und das, was Sie an Nahrung aufgenommen haben, das hat nur angeregt, daß Sie das Sonnenlicht so weit zusammendrücken. Alle Ihre Organe bauen Sie auf aus dem, was die durchlichtete Umgebung ist, und daß wir essen, daß wir Nahrung aufnehmen, das bedeutet nur die Anregung.

Sehen Sie, das einzige, was uns die Nahrung gibt, das ist, daß wir so etwas in uns haben wie eine Art inneren Sessel. Wir spüren uns, kommen dadurch im gewöhnlichen Leben zum Ich-Gefühl, daß wir physische Materie in uns haben, physischen Stoff. Wir spüren uns geradeso, wie wenn Sie sich auf den Sessel setzen. Da spüren Sie ja auch den Sessel, der auf Sie drückt. Und so spüren Sie Ihren Körper, der auf das, was Sie aus dem Weltenall[35] gemacht haben, fortwährend drückt. Wenn Sie schlafen, spüren Sie ihn nicht, weil Sie da aus sich heraußen sind. Sie spüren Ihren Körper; das ist eine Art Ruhebett, das Ihnen gemacht ist, bei dem einen härter, wenn er knochig ist, bei dem anderen weicher. Das ist eine Art von Ruhebett, in das sich der Mensch legt, und man spürt ja auch den Unterschied zwischen einem weichen Federbett und einer Holzbank! Und so spürt der Mensch den Unterschied von dem, was in ihm hart und weich ist. Aber das ist nicht der eigentliche Mensch, sondern der eigentliche Mensch ist das, was da in ihm drinnen sitzt.

Nun werde ich Ihnen das nächste Mal[36] klarmachen, wie das mit der höheren Erkenntnis zusammenhängt. Die Menschen nämlich, die heute erkennen wollen, beschäftigen sich gar nicht mit der menschlichen Tätigkeit, sondern sie beschäftigen sich nur mit demjenigen, was der Sessel ihnen darbietet.

Die Wirkung von Eiweiß, Fetten, Kohlehydraten und Salzen

Dornach, 22. September 1923

Nun, meine Herren, liegt heute etwas vor?

«Fragesteller: In bezug auf Ernährung. Ich möchte fragen, ob in der Ernährung durch die Kartoffel in andern Ländern eine Beziehung besteht, also ein Zusammenhang in anderer Beziehung als, sagen wir, für die Europäer.»

Dr. Steiner: Wollen wir die ganze Frage von der Ernährung, von der Beziehung der Ernährung zur geistigen Welt, heute noch einmal besprechen. Sie wissen ja, daß die Kartoffel erst in der neueren Zeit eingeführt worden ist. Das habe ich Ihnen gesagt, daß im früheren Europa die Kartoffelernährung nicht vorhanden war, sondern daß dazumal die Völker sich in einer anderen Weise, wesentlich von anderen Produkten, ernährten. Nun können wir natürlich diese Frage nicht entscheiden, ohne daß wir die Beziehung der geistigen Welt zur Ernährung überhaupt betrachten.

Sie werden sich erinnern – ich habe ja diese Dinge schon einmal angedeutet[37] –, der Mensch lebt eigentlich von viererlei Produkten:[38] von Eiweiß, das er eigentlich mit allen seinen Nahrungsmitteln in sich aufnimmt, das in einer, ich möchte sagen, charakteristischen, in einer besonders bezeichnenden Form ja im Hühnerei enthalten ist, das aber in allen Nahrungsmitteln mit enthalten ist. Also das ist das erste, das Eiweiß. Dann nimmt der Mensch auch Fette auf, nicht nur, indem er direkt tierisches Fett genießt, sondern Fett ist wiederum in allem enthalten. Sie wissen, es werden auch andere Produkte zu fetthaltigen Nahrungsmitteln umgestaltet, wie zum Beispiel die Milch zum Käse umgestaltet wird und so weiter. Das dritte Nahrungsmittel, das sind diejenigen Produkte, die wir als Kohlehydrate bezeichnen, und das ist all dasjenige, was wir aus dem Pflanzenreiche aufnehmen, natürlich auch mit aufnehmen aus den anderen Nahrungsmitteln, aber was wesentlich enthalten ist eben in solchen Nahrungsmitteln wie Weizen, Roggen, Linsen, Bohnen, aber auch in der Kartoffel, und in der Kartoffel in ganz vorherrschendem Maße. Das letzte, was der Mensch nötig hat zum Leben, was er gewöhnlich nur als einen Zusatz betrachtet, was aber zum Leben ganz besonders auch notwendig ist, das sind die Salze. Nun, wir nehmen ja unsere Salze zunächst in Form des Kochsalzes auf, aber wiederum enthalten alle Nahrungsmittel Salze. So daß wir also sagen können: Die menschliche Nahrung muß, damit der Mensch leben kann, aus Eiweiß, Fetten, Kohlehydraten und aus Salzen bestehen.

Nun will ich Ihnen beschreiben, was denn eigentlich diese verschiedenen Nahrungsmittel, die wir dadurch, daß wir gemischte Nahrung genießen, eben in verschiedener Form bekommen, für den Menschen bedeuten. Nehmen wir da zuallererst die Salze.

Die Salze, die sind eigentlich für den Menschen, wenn sie auch nur in geringen Mengen aufgenommen werden, ein außerordentlich wichtiges Nahrungsmittel, nicht bloß ein Genußmittel. Wir salzen nicht bloß unsere Speisen deshalb, daß wir etwa, sagen wir, angenehme Säuerlichkeit haben im Geschmacke, sondern wir salzen unsere Speisen aus dem Grunde, damit wir überhaupt denken können. Die Salze müssen als Nahrungsmittel bis in das Gehirn kommen, damit wir überhaupt denken können. Also die Salze hängen am meisten zusammen mit demjenigen, was unser Denken ist. Wenn jemand zum Beispiel so krank ist

– denn das ist schon eine Krankheit –, daß er alles dasjenige, was in der Nahrung Salz ist, im Magen oder im Darm ablagert und nicht mit dem Blut ins Gehirn schickt, dann wird er schwachsinnig, dumm. Das ist dasjenige, auf das man eben aufmerksam machen muß.

Nicht wahr, man muß sich klar sein darüber: Geist ist vorhanden, aber der Geist muß auf der Erde, damit er wirken kann, in den Stoffen wirken. Und man muß daher gerade, wenn man Geisteswissenschaft betreibt, die Wirkung des Geistes in dem Stoff kennen. Sonst wäre es ja so, wie wenn einer sagen würde: Maschinen machen, das ist etwas Materielles; wir aber sind geistige Leute, wir wollen nichts Materielles, wir wollen also nicht erst Eisen kaufen, Stahl, sondern wir wollen Maschinen erschaffen aus dem Geist heraus. – Das ist natürlich Unsinn. Man muß erst den Stoff dazu haben. So braucht der schaffende Geist in der Natur überall den Stoff. Und ist er gehindert, den Stoff zu verwenden, lagert sich also das Salz, statt daß es durch das Blut zum Gehirn dringt, im Magen und in den Gedärmen ab, dann wird der Mensch dumm.

Allerdings, so einfach ist wiederum die Sache nicht. Der Mensch kann das Salz nicht unmittelbar so brauchen, wie es draußen in der Natur ist. Wenn Sie also – man könnte das sogar – ein Löchelchen ins Gehirn machen würden und würden einem da Salze einträufeln ins Gehirn, so würde das nichts nützen, denn das Salz muß schon in den Magen hineinkommen, weil, wenn das Salz in den Magen und in die Därme kommt – beachten Sie nur einmal, daß das Salz ja schon auf der Zunge aufgelöst wird –, es noch mehr, ganz fein aufgelöst wird, immer feiner und feiner wird. Es kommt durch das, was der Mensch mit dem Salz macht, das Salz überhaupt schon in einem vergeistigten Zustand ins Gehirn. Also so einfach, daß wir das Salz direkt ins Gehirn bringen könnten, ist die Sache nicht. Aber wer nicht imstande ist, die Wirkungen des Salzes im Gehirn zu haben, der wird dumm.

Nun betrachten wir die Kohlehydrate. Das ist also das, was wir in Erbsen, Bohnen, Weizen, Roggen oder in Kartoffeln vorzugsweise da genießen. Die Kohlehydrate tragen insbesondere dazu bei, daß wir als Mensch die menschliche Gestalt haben. Wenn wir keine Kohlehydrate essen würden, so würden wir alle möglichen Verzerrungen der menschlichen Gestalt haben. Wir würden meinetwillen so sein, daß sich die Nase nicht ordentlich ausbilden würde, die Ohren nicht ordentlich ausbilden würden. Wir hätten nicht diese menschliche Gestalt, die wir haben. Die Kohlehydrate, die wirken dazu, daß wir gewissermaßen äußerlich als Mensch gezeichnet werden. Überallhin wirken sie, daß wir überall gezeichnet werden als Mensch. Und wenn der Mensch so organisiert ist, daß er die Kohlehydrate nicht ins Gehirn hineinbringt, sondern wenn sie sich wiederum ablagern in den Gedärmen und im Magen, dann verfällt der Mensch. Dann sieht man, wie der Mensch allmählich zusammenfällt, wie er in sich zusammensinkt, wie er schwach wird, wie er gewissermaßen seine Gestalt nicht mehr aufrechterhalten kann. Also die Kohlehydrate tragen das ihrige dazu bei, daß wir überhaupt die richtige menschliche Gestalt haben.

Sie sehen also, wir müssen eigentlich überall die richtigen Nahrungsmittel hineinbringen. Die Salze, die wirken vorzugsweise da vorn auf das Gehirn. Die Kohlehydrate, die wirken mehr da rückwärts auf das Gehirn, auf diese Schichten da. Und namentlich würde bei dem Menschen, der zu wenig Kohlehydrate verdauen kann, der sie nicht in diese Schichten des Gehirns hineinbringen würde, sich sehr bald auch das herausstellen, daß er immerfort heiser ist, daß er nicht rein und klar sprechen kann. Wenn Sie einen Menschen hören, der früher ganz ordentlich hat reden können, aber nun plötzlich eine heisere Sprache kriegt, da können Sie sich sagen: bei dem ist in der Verdauung etwas nicht richtig. Er kann nicht in der richtigen Weise Kohlehydrate verdauen, sie kommen nicht an die richtige Stelle des Gehirns. Dadurch ist seine Atmung nicht mehr in Ordnung und auch seine Sprache nicht. So daß wir sagen können: Die Salze wirken vorzugsweise auf das Denken. Die Kohlehydrate wirken zum Beispiel auf die Sprache und alles, was damit zusammenhängt. Es ist also notwendig, daß wir diese Kohlehydrate haben.

Nun, die Fette. Ja, sehen Sie, meine Herren, die Kohlehydrate, die wirken für unsere Gestalt, aber sie haben eigentlich so die Absicht, uns zu einer bloßen Gestalt zu machen. Sie polstern uns nicht aus. Wir müssen auch ausgepolstert werden. Und das machen die Fette. Die Fette bewirken also, daß da, wo die Kohlehydrate die Gestalt aufbauen, gleichsam den Plan in die Luft hineinzeichnen, daß da auch wiederum das Material hineinkommt vom Fett. Also das Fett dient dazu, daß wir in der richtigen Weise Material in uns haben. Nur kommt das beim Fett in einer ganz besonderen Weise zum Ausdruck.

Sehen Sie, ich habe Ihnen früher gesagt, daß der Mensch ein Ich hat, einen Astralleib, einen Ätherleib und einen physischen Leib. Natürlich, das Fett lagert sich ab im physischen Leibe, aber das Allerwichtigste, damit sich das Fett ablagern kann und lebendig bleibt – denn wir müssen ja lebendiges Fett in uns haben –, das ist der Ätherleib. Dieser Ätherleib, der ist das Wichtigste für die Fettablagerung. Aber der Astralleib wiederum, der ist das Wichtigste für die Empfindung.

Jetzt denken Sie einmal, wenn einer wach ist, da ist sein astralischer Leib in ihm drinnen, wenn er schläft, ist der astralische Leib draußen. Wenn nun der Mensch wach ist und der Astralleib in dem Ätherleib drinnen arbeitet, da wird das Fett fortwährend verarbeitet, und es wird durch das Fett alles im Körper geschmiert. Wenn der Mensch schläft, der Astralleib also draußen ist, wird das Fett nicht verarbeitet, sondern es lagert sich ab. Beim Wachen wird das Fett fortwährend zum Schmieren benützt, beim Schlafen abgelagert. Wir brauchen beides, abgelagertes Fett und solches Fett, das den Körper einschmiert.

Wenn einer nun aber fortwährend schläft – früher war das häufiger, jetzt wird es immer seltener; ein Rentier zum Beispiel, nicht wahr, der tut gar nichts –, da lagert sich das Fett auch am Tage ab, beim sogenannten Wachen, das aber eigentlich ein Schlafen ist: es kommt der Schmerbauch und es kommt eben überall viel abgelagertes Fett! Also Sie sehen, die richtige Ablagerung von Fett hängt davon ab, daß der Mensch tatsächlich sein Fett auch lebendig verbraucht, denn es wird ja immer erzeugt. Wenn einer nun gerade so viel ißt, als er verbraucht, so ist das das Richtige. Wenn einer aber fortwährend ißt und nichts verbraucht, so kommt eben der Schmerbauch.

Das, was ich Ihnen da sage, das wissen instinktiv die Landwirte sehr gut, denn die brauchen das bei den Schweinen. Wenn sie die Fettschweine erzeugen, da muß das herbeigeführt werden, daß diese Tiere eigentlich ihren inneren Körper gar nicht mehr schmieren, sondern alles, was sie genießen, ablagern. Und so muß die Lebensweise dieser Tiere entsprechend eingerichtet werden.

Es kann natürlich auch sein, daß der Mensch nicht imstande ist, ordentlich Fett abzulagern, daß er also krank ist. Rentiers sind in dieser Beziehung gesund; die lagern das Fett ab. Aber es kann auch daran fehlen, daß man die Kohlehydrate nicht ablagert und die Sprache heiser wird. So kann es auch sein, daß die Fette nicht richtig abgelagert werden, einfach mit dem Darmkot weggehen. Dann haben wir zu wenig Fett, können zu wenig schmieren. Oder wenn wir überhaupt zu wenig Nahrungsmittel haben, hungern müssen, können wir zu wenig schmieren. Das Fett ist ja das eigentliche Material, das wir in den Körper hineinlegen. Was geschieht denn mit einem Menschen, der entweder hungern muß oder durch seine Verdauung so eingerichtet ist, daß er das Fett nicht ablagern kann, sondern daß es mit dem Darmkot fortgeht? Ein solcher Mensch, der kein Material in seinem Körper hat, der wird immer geistiger. Aber auf diese Weise geistig zu werden verträgt der Mensch nicht. Da verbrennt der Geist. Er wird also nicht nur immer dürrer und dürrer, sondern es bilden sich Gase in ihm, was zu dem treibt, was man Wahnideen nennt und dergleichen, und es tritt der Zustand auf, der beim Hunger da ist: Hungerwahnsinn. Das zerstört immer, das ist immer eine Zerstörung des Leibes. So daß also, wenn der Mensch zuwenig Fette bekommt, dasjenige auftritt, was man Auszehrung nennen kann, Schwindsucht kann man auch sagen; er schwindet dahin.

Nun das Eiweiß. Sehen Sie, das muß ja sozusagen von allem Anfang an da sein. Das Eiweiß ist ja schon vorhanden als Ei, bevor das Wesen entsteht, das menschliche, auch das tierische Wesen. So daß wir sagen können: Das Eiweiß, das ist dasjenige, was den Menschen eigentlich bildet, entwickelt; es ist das Ursprüngliche, das zugrunde liegt. Aus dem Eiweiß muß sich alles übrige im Körper erst herausbilden. Das kann man doch verstehen? So daß man also folgendes sagen kann: Das Eiweiß muß überhaupt vom Anfang an da sein, damit der Mensch entstehen kann. Die Mutter bildet das Eiweiß in der Gebärmutter aus in Form eines kleinen Klümpchens. Das Ei wird befruchtet, und durch die Befruchtung wird dann dieses Eiweiß fähig, durch die Dinge, die ich Ihnen geschildert habe, zum Menschen gestaltet zu werden. Aber der Mensch braucht natürlich fortwährend Eiweiß. Daher muß in seiner Nahrung fortwährend Eiweiß enthalten sein. Wenn er zu wenig Eiweiß hat oder wenn er das Eiweiß nicht ordentlich verdauen kann, dann muß er am Eiweißmangel nicht nur ausgezehrt werden – was ihn ja auch allmählich tötet –, aber würde der Mensch in einem Augenblicke seines Lebens überhaupt kein richtiges Eiweiß haben, so müßte er gleich sterben. Geradeso wie das Eiweiß zum Entstehen notwendig ist, so ist das Eiweiß auch notwendig, daß der Mensch überhaupt lebt. So daß wir sagen könnten: Derjenige, der Eiweiß überhaupt nicht verdauen kann, bei dem würde der Tod eintreten.

Jetzt schauen wir uns einmal die einzelnen Nahrungsmittel an. Wenn wir die Salze anschauen, so werden wir vorzugsweise an den Vorderteil des Kopfes gewiesen. Da drinnen lagern sich die Salze ab. Etwas weiter hinten, da lagern sich die Kohlehydrate ab, und die bewirken, daß wir die menschliche Gestalt haben. Dann lagern sich noch weiter hinten die Fette ab und füllen von da aus den Körper aus, denn die Fette gehen nicht etwa unmittelbar herein in den Körper, sondern gehen vom Blut in den Kopf, und da werden sie erst für den Körper ausgeschlachtet. Alles geht durch den Kopf, auch das Eiweiß.

Nun ist aber ein großer Unterschied in bezug auf die Kohlehydrate. Wenn Sie sich so etwas wie Linsen, Bohnen, Erbsen, Roggen, Weizen anschauen, so können Sie sagen: dabei werden die Kohlehydrate aus den Früchten gewonnen. Denn das, was wir im Weizen haben aus der Erde, das ist ja die Frucht. Wenn wir Linsen haben, das ist auch die Frucht. Und Früchte haben das Eigentümliche, daß sie schon im Magen und in den Därmen verarbeitet werden und nur die Kräfte nach dem Kopf schicken. Daß Linsen, Bohnen im Gedärm verarbeitet werden, das wissen ja alle aus den eigentümlichen Zuständen, die gerade beim Genuß von Linsen und Bohnen kommen können. Das alles, Korn, Weizen, Linsen, Bohnen, wird in den Gedärmen verarbeitet. Also die

Früchte haben hauptsächlich die Eigentümlichkeit, daß sie schon in den Gedärmen ordentlich verarbeitet werden.

Aber bei den Kartoffeln können wir ja nicht die Früchte genießen. Wenn wir das, was bei der Kartoffel die Früchte sind, essen würden, so würden wir ja sogar einen Giftstoff bekommen, einen verderblichen Giftstoff. Also bei der Kartoffel ist das so, daß sie uns nicht gestattet, in derselben Weise aufgegessen zu werden wie Linsen, Bohnen, Erbsen und so weiter oder die Feldfrüchte, Roggen, Weizen. Nun, was genießen wir denn bei der Kartoffel? Ja, das, was unten ist: die Knolle. Und die Knollen, die sind nun dasjenige bei allen Pflanzen, Wurzeln und so weiter, was in den Gedärmen am allerwenigsten verarbeitet wird. Die Früchte werden in den Gedärmen verarbeitet. Das kann man aber bei der Kartoffel nicht essen, was dort die Früchte sind. Man ißt die Knolle; die ist nicht eine richtige Wurzel, sondern ein verdickter Stengel. Nun wird die Kartoffel also gegessen, kommt in den Magen, in die Gedärme. Da kann sie nicht gleich verarbeitet werden, sondern sie geht jetzt durch das Blut unverarbeitet herauf. Statt daß nun, wenn sie hier in ihre Schichte des Gehirns kommt, sie da schon so fein kommen würde wie Roggen und Weizen und gleich hinuntergeschickt werden würde in den Körper, muß erst hier im Gehirn die Verarbeitung geschehen. So daß also, wenn wir richtiges Roggen- oder Weizenbrot essen, wir das im Magen und in den Gedärmen ordentlich verdauen und wir unserem Kopf nicht mehr zumuten, daß der nun erst die Verdauung besorgen soll, sondern der kann schon die Verbreitung im Körper bewirken. Wenn wir dagegen Kartoffelbrot oder Kartoffeln überhaupt genießen, dann stellt sich das heraus, daß der Kopf erst zu der Verdauung der Kartoffel dienen muß.[38a]

Wenn aber der Kopf erst zur Verdauung der Kartoffel verwendet werden muß, dann kann er nicht mehr denken, denn zum

Denken muß er die Kräfte frei haben; da muß ihm der Unterleib die Kräfte der Verdauung abnehmen. So daß also, wenn der Mensch die Kartoffel zu viel genießt – was also immer mehr und mehr von dem Zeitpunkte an der Fall war, als die Kartoffel eingeführt wurde und in Europa eine Bedeutung erlangte –, der Kopf immer mehr und mehr für das eigentliche Denken ausgeschaltet wird, und der Mensch verliert immer mehr und mehr die Fähigkeit, mit seinem Mittelkopf zu denken; er denkt dann nur mehr mit dem Vorderkopf. Aber dieser Vorderkopf, der von den Salzen abhängt, der führt immer mehr und mehr dazu, daß man eigentlich bloß ein materialistischer Verstandesmensch wird. Das richtige Geistige kann ja der Vorderkopf gar nicht denken. Gerade durch den Vorderkopf wird man ein richtiger Verstandesmensch. Die Sache ist daher diese, daß in der Tat das innere Denken in Europa zurückgegangen ist von dem Moment an, wo die Kartoffelnahrung Platz griff.

Nun müssen wir uns klar sein darüber, daß der Mensch nicht nur aus den Kräften, die auf der Erde sind, aufgebaut wird. Das habe ich Ihnen ja fortwährend gesagt, daß der Mensch aus der ganzen Umgebung aufgebaut wird, daß der Mensch ein Geschöpf von Sonne, Mond und den Sternen ist. Wenn der Mensch nun Kartoffeln ißt, darin verwendet er seinen Mittelkopf nur dazu, um diese Kartoffeln zu verdauen. Da schließt er sich ab von der Umwelt, da erkennt er die Umwelt nicht mehr an. Da erklärt er: Das ist alles Wischiwaschi, was da gesagt wird von der Welt, daß da eine Geistigkeit von der Welt herunterkommt. Und so kann man sagen: Es ist eigentlich der übermäßige Kartoffelgenuß zum großen Teil auch wiederum das, was in der neueren Zeit zum Materialismus getrieben hat.

Natürlich ist die Sache ja so, daß vorzugsweise diejenigen, die nun nicht genügend Mittel haben, auf die Kartoffel angewiesen sind, weil die Kartoffel eine Zeitlang billig war, und diejenigen, welche wohlhabend sind, die können sich mehr dasjenige, was auf den Vorderkopf wirkt, kaufen, können also mehr die Speisen würzen und salzen. Die Würzen wirken ebenso auf den Vorderkopf wie die Salze. Und die Folge davon ist, daß das nur Verstandesmenschen werden, und die anderen sich leicht von den Verstandesmenschen alles vormachen lassen, weil sie ja ihren Kopf nicht mehr zum Denken benützen können. So hat schon die Kartoffel einen ganz besonderen Bezug zum Geist überhaupt. Sie hat also eigentlich den Geist materialistisch gemacht.

Wenn wir nun diese Gliederung des Menschen betrachten, so müssen wir sagen: Der physische Leib des Menschen nimmt zunächst seinen Ursprung aus dem Eiweiß. Dieses Eiweiß hängt mit Geburt und Tod des physischen Menschen zusammen. Der Ätherleib hat sein hauptsächlichstes Feld in den Fetten. Der Astralleib, der hat sein hauptsächlichstes Feld in den Kohlehydraten, und erst das Ich hat sein Feld in den Salzen.

So können wir sagen: Dasjenige, was im Menschen das Empfindungsvermögen ist – es ist ja nicht der physische Leib, wenn ich auf meine Hand schlage und dann empfinde, denn sonst müßte alles, was physisch ist, empfinden –, es ist der astralische Leib. Ich schiebe das Fleisch zurück, den Muskel zurück, dadurch wird das Fleisch im Muskel aus dem astralischen Leib herausgeschoben und ich empfinde im astralischen Leib. Alles, was innerlich Empfindung ist, ist im astralischen Leib. Der astralische Leib ist aber angewiesen darauf, daß er richtig arbeiten kann. Ich habe Ihnen gesagt: Wenn der astralische Leib auch bei Tag schläft und nicht richtig arbeiten kann, dann lagert sich der Schmerbauch ab, das Fett. – Oder, das ist auch der Fall, wenn der Mensch bloß intellektualistisch mit dem Kopf arbeitet, Verstandesmensch wird, es lagert sich sogar auch das Fett ab. Aber der astralische Leib, der ja zum Beispiel auch in der Sprache wirkt, der braucht die Kohlehydrate nicht bloß im Kopfe oben, nicht bloß da, er braucht die Kohlehydrate im ganzen Körper. Der astralische Leib muß die Beine bewegen, der astralische Leib muß die Hände bewegen, er braucht die Kohlehydrate im ganzen Körper. Wenn ich ihm Roggen oder Weizen als Kohlehydrate gebe, da gehen die Kräfte in den ganzen Körper. Wenn ich ihm bloß Kartoffeln gebe, bleiben die Kräfte da oben im Kopf sitzen und der Mensch wird ausgemergelt, schwach, und sein astralischer Leib kann nicht ordentlich arbeiten. So daß gerade das, was im Menschen geistig ist, matt und immer schläfriger wird, wenn er nicht in der Lage ist, Kohlehydrate, die ihn durchdringen, in sich hineinzubringen. Das ist eben bei der reinen Kartoffelnahrung nicht möglich, weil sie im Kopfe so viel zu tun macht, daß der Körper nichts mehr übrig behält.

Man kann schon sagen: Was tut die Wissenschaft? – Nun, die Wissenschaft, die untersucht, wieviel im Eiweiß drinnen enthalten ist von Kohlenstoff, Sauerstoff, Stickstoff, Wasserstoff, Schwefel und ähnlichen Dingen noch, aber das sind die hauptsächlichsten. Nun kriegt die Wissenschaft heraus: Im Eiweiß ist so und so viel Kohlenstoff, so und so viel Wasserstoff drinnen in Prozenten, im Fett sind andere Prozente drinnen, in den Kohlehydraten andere Prozente. Aber die Wissenschaft hat gar keine Idee davon, was diese Stoffe als solche für eine Bedeutung haben. Sie kennt nur die Prozente der Bestandteile. Aber damit kann man gar nichts ausmachen. Es sind eben einfach die Bestandteile in der Kartoffel ganz anders drinnen als im Roggen und Weizen, und man muß wissen, daß, wenn man eine Blüte oder eine Frucht ißt, diese in den Gedärmen verarbeitet wird, während, wenn man eine Wurzel ißt, diese im Kopf verarbeitet wird.

Anders kann man die Sache auch nicht in der Medizin anwenden. Derjenige, der richtig medizinisch denken kann, der weiß, daß wenn er einen Tee aus den Blüten oder Samen, aus den Früchten macht, dieser Tee vorzugsweise in den Gedärmen wirkt; wenn er aber eine Abkochung aus der Wurzel macht und sie teeartig präsentiert, kann man auf Kopfkrankheiten heilend wirken. Wenn wir Wurzeln essen, wirkt das eben auf den Kopf, und zwar wirkt es so auf den Kopf, daß es materiell auf den Kopf wirkt. Das ist das ganz besonders Wichtige.

Wir können nun aber weitergehen und können sagen: Ja, aber wenn nun der Mensch nicht nur durch die Kartoffelnahrung gewissermaßen ausgemergelt wird, daß er nicht mehr seine Hände und Füße bewegen kann, sondern wenn er so ausgemergelt wird, daß auch diejenigen Dinge nicht mehr regsam sind, die zu der Fortpflanzung beitragen, dann wird die Sache noch schlimmer. – Nehmen wir also an, die Kartoffelnahrung nimmt so überhand, daß das in die weiblichen Fortpflanzungsorgane hineinwirkt, daß die matt und abgelähmt werden. Ja, meine Herren, der Mensch kommt eben nicht bloß von seinen Vorfahren her, sondern er kommt aus der geistigen Welt mit dem geistig-seelischen Teil seines Wesens her, und das verbindet sich mit demjenigen, was aus den Vorfahren kommt. Nun betrachten wir einmal, wie die Sache ist. Ich will es recht groß, etwas vergrößert aufzeichnen.

Wir können sagen: Der Mensch entsteht aus der weiblichen Eizelle. Das ist also sehr vergrößert gezeichnet. Da herein dringt der männliche Samen. Dann bilden sich allerlei sternförmige Figuren da drinnen. Zellen spalten sich, bilden dann nach und nach den menschlichen Körper. Aber kein menschlicher Körper kann gebildet werden, wenn sich nicht verbindet mit dem, was da geschieht, das Geistig-Seelische, das aus der geistigen Welt herkommt.

Wenn nun die Sache so liegt, daß die Mutter oder der Vater zuviel Kartoffelnahrung genossen haben, dann bilden sie schon einen solchen Menschenkeim aus, der darauf veranlagt ist, daß der Kopf viel arbeiten muß. Wenn Sie daher einen Menschenkeim anschauen von jemand, der ordentlich mit Roggenbrot und so weiter genährt ist, wo Vater und Mutter eine richtige Nahrung genießen, da ist dieser Menschenkeim etwa so (es wird gezeichnet). Wenn Sie aber einen Menschenkeim ansehen, wo bei den Eltern zuviel Kartoffelnahrung war, ja, da geschieht folgendes. Sehen Sie, das andere ist ja im Menschenkeim sehr wenig ausgebildet, vorzugsweise ist die runde Kugel des Kopfes ausgebildet; das ist im Embryo, im Menschenkeim die Hauptsache, das ist also vorzugsweise ausgebildet. Da muß nun das Geistig-Seelische hereinkommen in den Kopf. Und wenn das Geistig-Seelische in den Kopf hereinkommt, dann muß es mit dem Kopf arbeiten. Noch im Leibe der Mutter arbeitet das Geistig-Seelische des Menschen vorzugsweise am Kopfe.

Wenn nun dieses Geistig-Seelische im Kopfe dasjenige findet, was bei der Ernährung der Mutter von Roggen und Weizen kommt, dann kann das Geistig-Seelische ordentlich arbeiten. Denn die Blüten, in denen ja der Roggen und Weizen und so weiter entstehen, die werden ja auch aus der Erde herausgestreckt, und da geht das Geistige schon bei der Pflanze heran, da ist das Geistige verwandt. Wenn daher das Geistig-Seelische im Mutterleibe auf dasjenige auftrifft, was von Früchten kommt, so kann es leicht arbeiten. Trifft aber das Geistige im Mutterleibe auf einen Kindeskopf, der vorzugsweise durch die Kartoffelnahrung gebildet wird, da kann es nicht heran. Nicht wahr, die Kartoffel geht hinunter in die Erde, sie ist sogar von der Erde bedeckt; man gräbt sie aus der Erde aus, sie wächst in der Finsternis, sie hat keine Verwandtschaft zum Geistigen. Der Mensch kommt herunter aus der geistigen Welt, findet einen Kopf vor, der eigentlich aus der Finsternis heraus gebildet ist. Da kann er nicht heran, der Geist, und die Folge davon ist, daß der Embryo nachher so aussieht (es wird gezeichnet) – ich zeichne es etwas karikiert –: ein riesiger Wasserkopf wird geboren. Denn wenn der Geist nicht herankommt, dann wächst das Physische; der Wasserkopf bildet sich aus. Wenn der Geist herankommen kann, dann dämpft er das Wasser, dann arbeitet der Geist in der Materie und der Kopf wird ordentlich ausgebildet. So daß Sie sagen können: Diese riesigen Wasserköpfe, die oftmals bei den Embryonen bemerkbar sind, die kommen durch die mangelhafte Ernährung, vorzugsweise wieder durch die Kartoffel, zustande.[38b] – Und so haben Sie das, daß nicht nur der Mensch selber ausgemergelt wird, sondern daß der Mensch so geboren wird, daß sein Geistig-Seelisches gar nicht richtig im physischen Leib drinnen ist.

Aber sehen Sie, meine Herren, die Sache ist so: Der Mensch besteht allerdings aus physischem Leib, Ätherleib, Astralleib und Ich; die sind aber nicht in jedem Lebensalter gleich geartet. Beim Kind bis zum siebenten Jahre, da ist der Ätherleib, Astralleib und das Ich so, daß sie erst wieder recht untertauchen müssen; die müssen erst ganz hinein in den physischen Leib. Wenn der Ätherleib ganz hineinkommt in den physischen Leib, kommen die zweiten Zähne. Wenn der astralische Leib ganz hineinkommt in den physischen Leib, dann kommt die Geschlechtsreife. Wenn daher ein solcher Kopf vorhanden ist, wenn also das Geistig-Seelische durch die Kartoffelnahrung nicht ordentlich in den physischen Menschen im Mutterleib hinein kann, dann wird auch dasjenige gestört, was im vierzehnten, fünfzehnten Lebensjahre mit dem Menschen geschehen soll. Der Mensch geht dann überhaupt durch sein ganzes Leben so, als wenn er seinen Körper gar nicht hätte, als wenn der schlapp an ihm wäre. So daß also die

Menschen unter dem Einfluß der Kartoffelnahrung schon nicht stark genug für das Leben geboren worden sind.

Sehen Sie, meine Herren, das sind ungeheuer wichtige Dinge. Sie müssen sich nur sagen: Ja, wirklich, die sozialen Verhältnisse hängen noch von vielen anderen Dingen ab als von jenen, die man heute gewöhnlich deklamiert. Die sozialen Verhältnisse hängen auch davon ab, daß man die Felder ordentlich benützt, daß man also die Kartoffel nicht mehr anbaut, als die Menschen zu ihrem Starkwerden vertragen können. Man muß also auch wirkliche, richtige Naturwissenschaft treiben können, wenn man Sozialwissenschaft treibt. Das ist durchaus nötig. Bloß davon zu reden: Mehrwert, Kapital und so weiter, das nützt allein nichts. Denn nehmen Sie einmal an, dem Kommunismus gelänge es, alles Kapital auszurotten, er würde alles selber verwalten. Ja, wenn er von den Bürgerlichen nur eine Wissenschaft gelernt hat, die nicht in der richtigen Weise die Felder zu verwerten weiß, wenn er nicht weiß, daß es schädlicher ist, den Magen mit Kartoffeln anzufüllen als mit Roggen und Weizen, dann hilft alles nichts. Das ist es, was man bedenken muß. So daß wir nicht das fortwährende Herumreden von dem oder jenem brauchen, sondern eine wirkliche Wissenschaft, die einsieht, wie der Geist wirken kann in der Materie.

Sehen Sie, daher kommt es ja, daß sozusagen die Anthroposophie fortwährend, ohne daß sie es will, einen Krieg gegen zwei Fronten führen muß. Warum? Nun, da sind die Wissenschafter von heute, die beschäftigen sich nur mit der Materie, aber nur mit den Prozenten von der Materie, wieviel Kohlenstoff, Sauerstoff, Stickstoff, Wasserstoff im Eiweiß und so weiter enthalten sind. Dadurch lernt man aber gar nichts über die Materie. Die materielle Wissenschaft kennt gerade die Materie nicht, weil man die Materie erst kennenlernt, wenn man weiß, wie der Geist drinnen arbeitet. Hilft es denn, wenn einer sagt: Ich will eine Uhr kennenlernen; gut, ich will mir die Uhr klarzumachen versuchen. Die Uhr ist aus Silber. Das Silber, das in meiner Uhr ist, das ist in dem Silberbergwerk von da und da gewonnen worden. Dieses Silber ist dann mit Zügen nach der und der Stadt geführt worden. Da ist es abgeliefert worden an die und die Kaufleute und so weiter. Weiter ist in dieser Uhr ein Porzellanzifferblatt. Das Porzellan ist dort und dort gewonnen worden, in die und die Stadt gekommen und so weiter. – Er weiß gar nichts von der Uhr! Man weiß erst etwas von der Uhr, wenn man weiß, was der Uhrmacher daran getan hat. Und es ist gar nicht einmal wichtig, um zu verstehen, warum eine Uhr geht, daß man weiß, wie das Silber gewonnen wird in den Bergwerken; aber wichtig ist, daß man weiß, wie die Uhr geht, wie der Uhrmacher daran gearbeitet hat, die Räder zurecht gemacht hat und so weiter.

So ist es eigentlich im Grunde genommen höchst gleichgültig für die Gesundheit und Krankheit des Menschen, abstrakt zu wissen, aus wieviel Kohlenstoff, Sauerstoff, Stickstoff, Wasserstoff, Eiweiß, Fett, Kohlehydraten und Salzen die Nahrungsmittel bestehen, sondern für die Gesundheit und Krankheit des Menschen ist es im Grunde genommen wichtig zu wissen, wie es speziell mit der Kartoffel ist: sie nährt die Menschen geistig ebensowenig, wie sie sie physisch ernährt.[39]

Von der Ernährung

Dornach, 23. Januar 1924

Ich möchte noch gern zu dem, was ich Ihnen am letzten Samstag[40] gesagt habe, einiges hinzufügen, und die beiden Fragen, die mir für heute gegeben wurden, kann ich das nächste Mal noch beantworten. Wir haben von den Giften und ihren Wirkungen an dem Menschen gesprochen, und wir haben gerade an den Giften gesehen, daß man, wenn man wirkliche Wissenschaft versteht, zu dem Übersinnlichen, zu den geistigen Wesensgliedern des Menschen aufsteigen muß.

Nun möchte ich heute zu der Besprechung dessen, was ja so starke Giftwirkungen hervorbringt, damit Sie ein vollständiges Bild haben, noch dasjenige hinzufügen, was der mehr oder weniger gesunde Körper bei der Ernährung aufbringt. Ich habe zwar öfter über die Ernährung gesprochen, aber wir wollen wiederum mit Bezug auf die Ernährung einiges sprechen und dabei auf das Rücksicht nehmen, was wir das letzte Mal vorgebracht haben.

Bei der Ernährung nimmt der Mensch hauptsächlich drei bis vier Arten von Nahrungsmitteln auf. Das erste Nahrungsmittel ist das Eiweiß, das Sie am besten dadurch kennenlernen, daß Sie ein Hühnerei betrachten. Das Eiweiß erzeugt sowohl die Pflanze wie auch der tierische und der menschliche Körper. Der menschliche sowie auch der tierische Körper brauchen nicht nur die Kräfte, die sie in sich haben, um Eiweiß zu erzeugen, denn jeder lebende Körper erzeugt eben Eiweiß, sondern sie brauchen auch das Eiweiß, das durch die Pflanze ganz selbständig bereitet wird. Der menschliche Körper nimmt ja auch das tierische Eiweiß auf. In bezug auf dieses Eiweiß hat ja gerade die Wissenschaft in der allerneuesten Zeit im Grunde eine große Blamage durchgemacht; denn es ist noch vor zwanzig Jahren überall gelehrt worden, daß der Mensch im Tage mindestens 120 Gramm Eiweiß in sich aufnehmen müsse, damit er gesund bleibe. Und so hat man die ganze Ernährung so eingerichtet, daß man diejenigen Speisen vorgeschrieben hat, die man essen soll, um die nötige Menge Eiweiß in den Körper zu bekommen. Man hat also geglaubt, 120 Gramm seien nötig.

Heute ist ja die Wissenschaft von dieser Ansicht gänzlich zurückgekommen. Sie weiß heute, daß wenn der Mensch so viel Eiweiß ißt, er da nicht nur seinem Gesundsein nicht dient, sondern direkt seinem Kranksein dient, weil der größte Teil Eiweiß im menschlichen Darm-Organismus fault. So daß also der menschliche Organismus dadurch, daß er im Tag 120 Gramm Eiweiß verzehrt, fortwährend etwas wie faulende Eier im Darm hat, die den Darminhalt furchtbar verunreinigen und die Gifte ausschwitzen, die dann in den Organismus, in den Körper übergehen und nicht nur das im Körper leicht erzeugen, was dann im späteren Alter zur sogenannten Arterienverkalkung führt – die meiste Arterienverkalkung kommt nämlich von zuviel genossenem Eiweiß –, sondern was auch den Menschen außerordentlich leicht ansteckbar macht für alle möglichen ansteckenden Krankheiten. Der Mensch ist um so weniger der Ansteckungsgefahr für Krankheiten ausgesetzt natürlich, die nötige Menge muß er haben –, je weniger er Überfluß an Eiweiß zu sich nimmt. Wer viel Eiweiß zu sich nimmt, bekommt leichter die ansteckenden Krankheiten, Diphtherie, Blattern, Pocken, als ein Mensch, der nicht so viel Eiweiß zu sich nimmt.

Es ist ja sehr eigentümlich, daß man heute von seiten der Wissenschaft lehrt, nicht 120 Gramm Eiweiß seien nötig, sondern nur 20 bis 50 Gramm. Das ist diejenige Ration, sagt man, die der Mensch eigentlich täglich nötig habe. So schnell hat sich die Wissenschaft in bezug auf ihre Ansichten in zwei Jahrzehnten geändert. Sie sehen also, wieviel eigentlich darauf zu geben ist, wenn irgend etwas sozusagen wissenschaftlich festgestellt ist. Denn passiert es Ihnen zufällig, daß Sie sich über diesen Gegenstand unterrichten sollen, und Sie nehmen ein Konversationslexikon in die Hand, das zwanzig Jahre alt ist, dann lesen Sie in dem betreffenden Kapitel, Sie müßten 120 Gramm Eiweiß haben; bekommen Sie eine spätere Auflage in die Hand, dann lesen Sie: 20 bis 50 Gramm, und wenn Sie mehr hätten, würden Sie überhaupt krank davon. Sie sehen also, wie es im Grunde genommen mit den wissenschaftlichen Wahrheiten eigentlich steht. Man wird unterrichtet darüber, was man für wahr oder falsch anzusehen hat, je nachdem, welche Auflage des Konversationslexikons man in die Hand bekommt. All das weist eben darauf hin, daß man sich über solche Dinge, die ins Geistige hineingehen, überhaupt nicht auf diese Weise klarwerden kann. Und das ist natürlich ein Anlaß dazu, wenn man sich die Sache wirklich überlegt, daß man gerade ins Geistige hineingehen muß, wenn man verstehen will, was geschieht, wenn der Mensch Eiweiß zu sich nimmt. Aber es ist dasjenige Nahrungsmittel, welches unbedingt noch in den Därmen, im Unterleibe verarbeitet werden muß, und der Unterleib selbst muß die Kraft haben, dieses Eiweiß zu verarbeiten. Sie wissen ja, das Eiweiß ist, namentlich was das frische Eiweiß anbelangt, halbflüssig. Alles Eiweiß ist halbflüssig. Zu allem Halbflüssigen hat der menschliche Ätherleib seinen Zugang. Der menschliche Ätherleib kann nichts machen mit demjenigen, was fest ist, sondern nur mit dem, was flüssig ist. So daß also der Mensch alle Nahrung, die er zu sich nimmt, im flüssigen Zustand nehmen muß.

Nun werden Sie sagen: Wenn der Mensch Salz nimmt, Zucker oder so etwas, ist es ja fest. – Aber es wird ja gleich aufgelöst! Dazu haben wir ja gerade den Mundsaft. Das Feste, was den eigentlichen physischen Körper ausmacht, das darf überhaupt gar nicht von der Außenwelt in den menschlichen Körper hineinkommen. Daher können Sie daraus entnehmen: Sie haben Festes in sich, Sie wissen das; die Knochen sind fest. Aber die Sache ist so: Die festen Knochen werden erst aus dem Flüssigen heraus im menschlichen Körper selber gebildet. Nichts Festes von außen kann jemals in den menschlichen Körper hinein. Der menschliche Körper muß alles Feste selber aus dem Flüssigen entstehen lassen. Daher können Sie sagen: Wir haben das Feste in uns und das bildet den physischen Körper. Aber der physische Körper ist ganz und gar aus dem Flüssigen heraus gebildet, und für das Flüssige ist der Ätherleib da, der feine Körper, den man nicht sehen kann, der aber den ganzen Menschen durchzieht. Und das Eiweiß muß auch, und zwar im Unterleib, ganz vom Ätherleib verarbeitet werden. Natürlich wirken da drinnen, wie ich Ihnen schon einmal gesagt habe, auch die anderen geistigen Wesensglieder des Menschen; aber es muß das Eiweiß im Ätherleib verarbeitet werden. Also das Flüssige ist für den Ätherleib des Menschen da. Nun, daraus schon, daß Sie wissen können: das Eiweiß muß im Unterleib des Menschen verarbeitet werden, können Sie ersehen, daß das Eiweiß eigentlich nicht die allerstärkste Arbeit im Menschen haben kann, denn es braucht ja gar nicht heraufzuarbeiten in den Brustkörper, und vor allen Dingen, es braucht nicht heraufzuarbeiten in den Kopf des Menschen. Sie sehen daraus, daß das Eiweiß nicht als ein Nährmittel dienen kann, das in allererster Linie in Betracht kommt. Man kann sagen: Der Mensch kann eigentlich unmöglich zuwenig Eiweiß essen, denn im Unterleib ist ja das, was man ißt, gleich drinnen; es braucht da nicht viel zu arbeiten. Das Eiweiß wird im Unterleib verarbeitet. Selbst wenn der Mensch nur ganz eiweißarme Nahrung zu sich nimmt, so wird alles Eiweiß sogleich verarbeitet.

Man sieht also daraus, daß der Mensch durchaus die Möglichkeit hat, mit wenig Eiweiß auszureichen. Heute gibt es ja die Wissenschaft schon zu, aber vor Jahren hat man insbesondere die Kinder mit Eiweiß überfüttert. Heute, nicht wahr, sehen wir diejenigen Kinder, die man in den siebziger oder achtziger Jahren mit Eiweiß überfüttert hat; die gehen heute mit Arterienverkalkung herum oder sind schon gestorben an Arterienverkalkung. Es zeigt sich also die Schädlichkeit einer Sache nicht gleich in derselben Zeit, sondern sie zeigt sich eben erst viel später.

Die zweite Art von Nahrungsmitteln sind die Fette. Fette gehen selbstverständlich, wenn man sie ißt, auch in den Unterleib hinein. Aber die Fette gehen durch die Gedärme hindurch und wirken auf den Mittelleib des Menschen, auf die Brust sehr stark. So daß also der Mensch für den Mittelleib, die Brustgegend, für die ordentliche Ernährung von Herz, Brust und so weiter unbedingt fettige Stoffe aufnehmen muß.

Daraus ergibt sich, daß der Mensch in seinem Brustgebiet vorzugsweise das Fettige braucht, weil im Brustgebiet die Atmung stattfindet. Was heißt das? Das heißt, der Kohlenstoff, den der Mensch in sich trägt, verbindet sich mit dem Sauerstoff. Wenn sich der Kohlenstoff mit dem Sauerstoff verbindet, braucht man Wärme. Dasjenige, was die Fette machen, indem sie sich selber mit Sauerstoff verbinden, das ist Wärmeerzeugung. So daß also gerade zu dem, was der Mensch in seinem Brustorganismus braucht, die Fette außerordentlich viel beitragen.

Nun kann man sagen: Die Eiweißstoffe haben, wenn sie nicht vom Körper verarbeitet werden, und zwar wenn sie nicht im Unterleib verarbeitet werden, die Neigung zu faulen. Wir haben wirklich, wenn wir Eiweißstoffe in uns haben, die nicht ordentlich verarbeitet werden können, etwas wie faule Eier in unsern Gedärmen. Nicht wahr, meine Herren, Sie kennen ja wohl den Gestank von faulen Eiern, und die Sache ist schon die, daß der Mensch innerlich in seinen Körper hinein, wenn er zu viel Eiweiß nimmt, diesen Faule-Eier-Gestank ausschwitzt. Er durchdringt sich ganz mit diesem Faule-Eier-Gestank. Ja, wenn Sie Eier stehen lassen, dann werden sie eben faule Eier, dann stinken sie eben wie faule Eier. Und der Teil, den der Körper nicht verarbeitet hat, der wird natürlich auch im Körper stinken; aber der andere Teil, der verarbeitet wird, der wird nicht stinken, sondern der geht in den Körper reinlich über. Das ist aber die Arbeit des Ätherleibes. Der Ätherleib ist dazu da, um dasjenige, was entsteht als fauliger Gestank, zu überwinden und zu beseitigen. Das ist im menschlichen Körper so, daß der Ätherleib der Kämpfer und der Sieger über das Fauligwerden ist. Das Verfaulen wird im Menschen besiegt durch den Ätherleib. Wenn der Mensch nach dem Tode nicht mehr seinen Ätherleib hat, dann fängt er ja an zu faulen. Sie können also da, ich möchte sagen, ganz handgreiflich finden: Der Mensch fault nicht, solange er lebt; sobald er nicht mehr lebt, fault er. Woher kommt das? Weil der Ätherleib fort ist, wenn der Mensch tot ist! Der Ätherleib ist also derjenige Teil im Menschen, der das Faulen verhindert. Wir haben also fortwährend in uns den Kampf gegen das Faulen, und derjenige, der da kämpft gegen das Faulen, ist unser Ätherleib.

Also ich denke, meine Herren, wer das alles durchdenkt, der muß mit höchster Klarheit bloß durch die äußerliche Betrachtung finden, daß ein Ätherleib da sein muß, daß überhaupt ein Ätherleib überall da sein muß. Denn denken Sie sich nur, überall werden auf der Erde Eiweißstoffe erzeugt, die verfaulen. Es müßte ja die Erde bis zum Himmel hinauf stinken, wenn nicht der

Äther da wäre und dieses Faulende immer wieder vertriebe. Also innerhalb und außerhalb des menschlichen Organismus ist es der Äther, der fortwährend kämpft gegen das Faulwerden der Eiweißstoffe. Das muß durchaus berücksichtigt werden.

Wenn wir zu den Fetten übergehen, dann müssen wir sagen: Die Fette werden nicht faul, aber sie werden ranzig – das wissen Sie alle, wenn Sie Fette draußen irgendwie einmal haben stehen lassen –, selbst die Butter wird ranzig. Also Fette haben die Eigentümlichkeit, ranzig zu werden. Nun, wenn Sie Butter haben stehen lassen, da werden Sie nicht sagen können: Das ist eine ranzige Butter, oder eine gute, frische Butter –, wenn Sie nicht darauf geschult sind, es ihr anzusehen. Aber wenn Sie die Butter auf die Zunge bringen und sie schmecken, dann wissen Sie sofort, die Butter ist ranzig. Das hat also etwas zu tun mit dem Bewußtsein, mit der Empfindung. Das Faulsein, das hat etwas zu tun mit dem Riechen, mit dem Äußerlichen, das können Sie riechen. Es ist natürlich bei faulen Eiern anders als beim Rosenduft, aber jedenfalls riechen Sie es. Nicht aber eben das Ranzigwerden. Das Ranzigwerden ist etwas, wo man die Bezeichnung von etwas mehr Innerlichem nimmt, vom Schmecken.

Das weist schon darauf hin, daß das mit der inneren Empfindung viel mehr zu tun hat als dasjenige, was das Faulige bei den Eiern ist. Mit alledem, was im Bewußtsein Empfindung ist, hat physisch der menschliche Mittelleib, der Brustleib zu tun, aber geistig der Astralleib. Und Sie wissen ja, im Brustkorb ist eben dasjenige, was luftartig wirkt. Wir atmen die Luft ein. Wir verarbeiten die Luft. Im Brustkorb ist die Luft am richtigen Platze. In dem andern Teil des menschlichen Körpers dürfen nur sparsam Gase und Luftarten erzeugt werden. Wenn in den Därmen zu viel Gase erzeugt werden, so entstehen die krankhaften Blähungen, und das ist nicht gesund. Für die eigentliche Gaserzeugung ist der Mittelkörper des Menschen da. Und dasjenige höhere übersinnlich-geistige Glied, das da eingreift – das greift also ein in das Gasförmige –, das ist der menschliche Astralleib. Dieser menschliche Astralleib bekämpft nun in sich das Ranzigwerden der Fette; geradeso wie der Ätherleib das Faulwerden der Eiweißstoffe bekämpft, so bekämpft der Astralleib das Ranzigwerden der Fette. Der Mensch würde fortwährend von seinen eigenen Fetten ein ranziges Aufstoßen haben, würde innerlich sich selber ranzig schmecken, wenn nicht sein Astralleib dieses Ranzigwerden fortwährend bekämpfte. So daß wir in uns diesen Astralleib haben zur Bekämpfung des Ranzigwerdens der Fette.

Sehen Sie, meine Herren, das ist ganz wunderbar, denn Sie können daraus sehen, daß das, was draußen in der gewöhnlichen physischen, materiellen Welt ist, einen ganz anderen Gang nimmt, als was bei uns drinnen ist. Draußen in der physischen Welt werden die Fette unbedingt ranzig. Der Mensch wird zu seinem Heile nicht immer ranzig, nur wenn er innerlich krank wird. Es ist also die Sache die, daß der Mensch im gesunden Zustande seinen Astralleib so hat, daß er nicht ranzig werden kann. Er wird nur ranzig, wenn er zuviel Fett ißt, so daß der Astralleib es nicht bewältigen kann, oder wenn durch irgend etwas zuviel Fett erzeugt wird; das wissen die Menschenfresser besser als wir. Aber innerlich nimmt der Mensch schon sein Ranzigwerden wahr. Und man kann sagen: Wenn bei einem Menschen ein starkes Ranzigwerden, das heißt ein viel zu geringes Wirken des astralischen Leibes eintritt, dann hat er fortwährend einen unangenehmen Geschmack im Mund. Dieser unangenehme Geschmack wirkt dann wieder zurück auf den Magen. Und auf diesem Umwege bekommt der Mensch erst Magen- und Darmkrankheiten vom ranzigen Fett in sich selber.

Wenn man an einem Menschen bemerkt, daß er innerlich ranzig wird, so ist es so, daß für das, was er in sich hat an Fetten, die er nicht verarbeitet, ein gutes Heilmittel das Arsen ist.[40a] Das Arsen kämpft gegen das Fettwerden, stärkt den Astralleib. Und die Folge ist dann, daß der Mensch dieses Ranzigwerden bekämpfen kann. Das sind Dinge, die außerordentlich wichtig sind. Wenn der Mensch in sich selber die Neigung zeigt, sein faules Eiweiß durch den Ätherleib nicht besiegen zu können, dann wirkt gewöhnlich auf den Menschen außerordentlich stark als ein Heilmittel irgendwelche Verbindung mit Kupfer. Kupfer wirkt also, wenn die Unterleibskrankheiten, Darmkrankheiten direkt bewirkt sind durch das Eiweiß. Wenn Sie aber bemerken, daß durch den Mund, durch den Geschmack etwas sich bemerkbar macht, da hilft es nichts, wenn Sie ihm Kupfer beibringen, sondern da muß es Arsen sein, weil Sie zunächst seinen Astralleib stark machen müssen. Also daß man eben einfach konstatiert, in diesem oder jenem Teil des Menschen liegen diese oder jene Krankheiten, das tut es nicht, sondern man muß wissen, woher sie kommen. Ob sie von faulem Eiweiß im Darm oder von ranzig gewordenen Fetten kommen, die auf dem Umweg durch den Mundgeschmack wiederum in die Därme und in den Magen hineinwirken.

So sehen Sie also, meine Herren, wir haben in uns das Gegenteil von dem, was diese Stoffe draußen zeigen. Wir haben einen Astralleib, der das Ranzigwerden der Fette bekämpft, während durch die gewöhnliche physisch-materielle Welt die Fette eben einfach ranzig werden.

Ein drittes Nahrungsmittel, das der Mensch zu sich nimmt, das sind diejenigen Stoffe, die Kohlehydrate sind. Kohlehydrate sind ja namentlich in der Kartoffel zum Beispiel, in den Linsen und Bohnen und selbstverständlich in allen Getreidearten. Da sind die Kohlehydrate drinnen. In sehr vielen von diesen Stoffen ist auch entweder direkt Zucker drinnen, den wir ja immer zu unserer

Nahrung nehmen, oder aber es wird der Zucker direkt aus diesen Kohlehydraten erzeugt, indem wir das, was wir zum Beispiel mit der Kartoffel in uns hineinnehmen, umbilden. In der Kartoffel ist zum großen Teil Stärke drinnen. Dieser Stärkekleister wird in uns zuerst in Dextrin und dann in Zucker umgewandelt. So daß Sie, wenn Sie Kartoffeln essen, sich eigentlich vom Zucker nähren, denn der Kartoffelkleister, der Stärkekleister, wird im menschlichen Körper in Zucker umgewandelt. Nicht wahr, besonders viel von diesem Zucker enthält zum Beispiel die Weintraube, dadurch auch der Alkohol. Das ganze, was der Alkohol für den Menschen ist, beruht ja eigentlich neben dem Alkohol auf seinem Zuckergehalt. Zucker wird ja namentlich wieder aus dem Alkohol im menschlichen Organismus erzeugt.

Die erste Art von Nahrungsmitteln war also Eiweiß, die zweite Art Fette und die dritte Art Stärke, Zucker. Wir haben gesehen, das Eiweiß wird bearbeitet, indem es nicht faulig wird, in gewissen Quantitäten vom Ätherleib. Die Fette werden bearbeitet, indem sie nicht ranzig werden, vom Astralleib. Nun Stärke und Zucker! Wenn man den Ätherleib anschaut, so muß man sagen: Der ist vorzugsweise im Unterleib tätig. Der Astralleib ist vorzugsweise in der Brustgegend tätig. Nun kommen wir zu etwas anderem. Sie alle kennen ja, ich will nicht sagen durch sich selber, aber dadurch, daß Sie Leute gesehen haben, die nicht so sind wie Sie, die Wirkung des Alkohols, und Sie wissen ja, daß der Alkohol im Menschen eine besondere Eigentümlichkeit hervorbringt, zuerst in dem Rausch, aber davon wollen wir zunächst nicht reden. Aber Sie wissen ja, am nächsten Tag – wir haben auch schon davon gesprochen[41] – kommt der sogenannte Brummschädel, man nennt ihn ja auch Kater. Was bedeutet denn der Brummschädel oder der Kater?

Ja, meine Herren, Sie werden schon aus dem Namen entnehmen können, daß der Brummschädel etwas mit dem menschlichen

Kopf zu tun hat. Und wenn Sie am nächsten Tage schildern gehört haben von den Menschen, die eben anders sind als Sie, wie sie ein Räuschchen gehabt haben am Tage zuvor, da werden Sie vorzugsweise klagen gehört haben über den Schädel. Da tut der Schädel weh, und wenn er nicht weh tut, ist er so, als wenn er herunterfallen würde von den Schultern und dergleichen. Was geschieht denn da eigentlich?

Die Aufgabe des Kopfes ist nämlich, vorzugsweise das zu bekämpfen, was Stärke und Zucker wollen. Was wollen denn Stärke und Zucker? Da brauchen Sie ja nur auf den Wein hinzuschauen. Nicht wahr, wenn der Herbst kommt, erntet man den Wein, die Weintrauben ein. Sie werden ausgepreßt und nachher gärt die Sache. Das, was dann ausgegoren ist, das wird als Wein genossen. Dadurch nun, daß der Wein eben durch die Gärung Wein geworden ist, hat er die Gärung überwunden. Wenn Sie aber den Wein in den Magen hineinbringen, dann entsteht aus ihm etwas, was wiederum in die Nahrung hineingeht. Der Alkohol wird geradezu zurückverwandelt. Und nun sind die Stoffe, die direkt gären wollen, eben Stärke und Zucker. Stärke und Zucker im menschlichen Organismus wollen vorzugsweise gären. Wenn Sie Alkohol trinken, dann vertreibt der Alkohol im Kopf die Kräfte, welche die Gärung von Zucker und Stärke im Menschen verhindern. Nehmen wir einmal die Geschichte ganz deutlich. Sagen wir, Sie haben am 22. Januar Kartoffeln gegessen, Bohnen gegessen und Alkohol dazu getrunken. Nun schön. Hätten Sie keinen Alkohol getrunken, so wäre der Kopf nüchtern geblieben. Kartoffeln und Bohnen enthalten Stärke und Zucker, der aus der Stärke entsteht; der Kopf hätte die Kraft, die Gärung von Stärke und Zucker richtig zu verhindern. Bringen Sie Alkohol hinein, so verliert der Kopf die Fähigkeit, die Gärung von Stärke und Zucker, die Sie mit den Kartoffeln hineingekriegt haben, zu verhindern, und die

Kartoffeln und Bohnen, und auch die anderen Dinge, Getreidearten zum Beispiel, fangen an in Ihnen zu gären.

Statt daß also die Gärung verhindert wird im Menschen, tritt sie jetzt auf. Und sie tritt auf durch eine Unfähigkeit des Kopfes, die infolge des Alkohols eingetreten ist, so daß also der Mensch jetzt voller Gärungskräfte wird. Da gibt es in Mitteldeutschland, in Thüringen, einen merkwürdigen Volksausdruck. Wenn einer Unsinn redet, da sagt man in Thüringen: Er gärt. In diesen Gegenden hier ist es ja nicht gebräuchlich, wenn einer Unsinn redet, zu sagen, er gärt; aber diejenigen, die schon in Deutschland waren, werden das ja wohl in Mitteldeutschland gehört haben. Und wenn einer immer Unsinn redet, dann nennt man ihn in Mitteldeutschland, in Thüringen, ein altes Gärluder. Die Sache ist also diese, daß das Gären in Mitteldeutschland zusammengebracht wird mit Verwirrtsein im Kopfe, mit Unsinnmachen. Das ist ein sehr guter Volksinstinkt. Man weiß, daß im Menschen zuviel gärt, wenn er zuviel Unsinn redet. Nun, wenn einer Alkohol getrunken hat und einen Brummschädel gekriegt hat, dann redet er nicht den Unsinn, denn er wird still, aber der Unsinn ist in ihm, der brummt in ihm. Es ist also das, was da auftritt, um Stärke und Zucker am Gären zu verhindern, etwas, was der handgreiflichen Wirkung des Alkohols entgegengesetzt ist. So daß man sagen kann: Im menschlichen Kopfe sitzt etwas, was fortwährend dahin arbeitet, daß alles das, was an Stärke und Zucker in ihm ist, am Gären verhindert werden kann.

Nun, im menschlichen Kopf, das leugnet ja kein Mensch, sitzt am stärksten, geradeso wie im Unterleib der Ätherleib, im Mittelleib der Astralleib sitzt, das Ich, das eigentliche Ich. Das ist nun so, daß dieses eigentliche Ich es zu tun hat mit dem Wärmeartigen, geradeso wie mit dem Festen der physische Körper, mit dem Flüssigen der Ätherleib, mit dem Gasförmigen der Astralleib es zu tun hat. Es ist ja so, daß der Mensch bei alledem, was von seinem eigentlichen Ich abhängt, die Wärme in Bewegung bringt. Das ist im menschlichen Körper bis in alle Einzelheiten zu verfolgen. Das eigentliche Ich hängt auch zusammen mit dem Blut, daher ist das Blut wärmeerzeugend. Aber das eigentliche Ich, das, was der Mensch im Bewußtsein erlebt, hängt zum Beispiel auch mit der Drüsenabsonderung zusammen. Daher ist die Drüsenabsonderung nun mit Wärme verknüpft. Das eigentliche Ich ist es auch, das nun vom Übersinnlichen her durch die Kräfte des Kopfes die Gärung verhindert. So daß man sagen kann: Der Ätherleib bekämpft das Faulen der Eiweißstoffe, der Astralleib bekämpft das Ranzigwerden der Fette, das Ich bekämpft das Gären von Zucker und Stärke.

Das ist auch der Grund, aus dem heraus ich Ihnen einmal sagen mußte, daß der übermäßige Kartoffelgenuß dem Kopfe schadet. Der übermäßige Kartoffelgenuß hat auf den Menschen den folgenden Einfluß. Sehen Sie, die Kartoffel enthält wenig Eiweiß. Dadurch, daß sie wenig Eiweiß enthält, ist sie eigentlich ein gutes Nahrungsmittel für den Menschen. Und wenn der Mensch Kartoffeln mäßig zu dem anderen hinzu ißt, so ist sie eben ein gutes Nahrungsmittel durch ihren geringen Eiweißgehalt. Aber die Kartoffel enthält außerordentlich viel Stärke, die in Zucker verwandelt werden muß im Menschen, zunächst in Dextrin, dann in Zucker. Ich habe Ihnen damals schon gesagt: Wenn der Mensch zuviel Kartoffeln ißt, so muß sein Kopf furchtbar viel arbeiten; natürlich, weil der Kopf die Gärung verhindern muß. Daher werden die Menschen, die übermäßig Kartoffeln essen und daher ihren Kopf zur Verarbeitung der Kartoffelgärung furchtbar anstrengen müssen, kopfschwach. Namentlich die mittleren Partien des Hirns werden schwach; es bleiben nur die vorderen Partien des Hirns, die sich wenig anstrengen beim Verhindern der Kartoffelgärung. Und so ist gerade dadurch, daß die Kartoffelnahrung in der neueren Zeit vielfach verbreitet worden ist, der Materialismus gekommen, weil der im Vorderhirn erzeugt wird.

Es ist ja so eigentümlich: man glaubt, der Materialismus sei eine logische Sache. In gewisser Beziehung ist der Materialismus in der neueren Zeit nichts anderes als die Folge vom Kartoffelessen! Nun, nicht wahr, an sich haben es die Leute nicht gern, wenn sie bloß von Kartoffeln leben sollen; aber den Materialismus haben sie dann gern. So daß sie eigentlich in einem Widerspruch sind. Wenn man richtig Materialist sein wollte, müßte man eigentlich anraten, überall die Kartoffelnahrung zu verbreiten, denn es wäre das allerbeste Überzeugtwerden vom Materialismus, nicht wahr? Das ist ja etwas, was bei den meisten Menschen doch nicht gelingt. Wenn aber die materialistischen Monisten, der Monistenbund so recht wirksam kämpfen wollte, so müßte er eigentlich dafür sorgen, daß die anderen Nahrungsmittel möglichst durch Kartoffelnahrung ersetzt werden. Dann würde der Monistenbund ganz furchtbare Erfolge verzeichnen. Wenn auch nicht ganz schnell, so doch im Laufe von einigen Jahrzehnten, könnte der Monistenbund am besten wirken, wenn er auf die Kartoffelnahrung einwirken wollte. Nur würden ihm schon die Leute, auf die er wirken wollte durch die Kartoffelnahrung, einiges auswischen; da könnte er also nicht die besten Erfolge haben!

Aber daraus können Sie eines entnehmen: Die Geisteswissenschaft, die hier getrieben wird, erkennt gerade die richtige Art des Materialismus. Der Materialismus weiß ja gar nichts vom Materiellen; die Geisteswissenschaft erkennt gerade, daß ganz besonders die Kartoffel die richtige Erzeugerin des Materialismus ist. Sie ist ja furchtbar heimtückisch, die Kartoffel, listig, schlau bis zum Exzeß. Denn sehen Sie einmal, der Mensch kann von der Kartoffel nur die Knollen essen, nicht einmal die Augen an der

Kartoffel – die wirken schon schädlich –, und die Blüte kann er erst recht nicht essen, denn die Kartoffel ist ein Nachtschattengewächs und die Blüten sind giftig. Aber was ist das Gift? Ich habe Ihnen das letzte Mal schon gesagt: In großen Mengen tötet das Gift, in kleinen Mengen, fein verteilt, ist es Heilmittel. Die Kartoffel an sich hat sehr viel Stärkekleister in sich, besteht fast nur aus Stärkekleister. Sie könnte gar nicht leben, weil der Stärkekleister furchtbar schädlich wirken würde; da zieht sie zu gleicher Zeit aus der Welt das Gift an und vernichtet die schädliche Wirkung bei sich selber. Deshalb nenne ich sie schlau und listig. Sie selber hat ihr Gift, durch das sie für sich die Schädlichkeit wegnimmt. Aber dem Menschen ist das Gift der Kartoffel besonders schädlich; das gibt sie ihm nicht mit, sie gibt ihm nur dasjenige, was sie selber bei sich durch ihr Gift bekämpft. Es ist das wirklich etwas, was man schon so nennen kann: Die Kartoffel ist ein schlaues, listiges Wesen! Und der Mensch muß sich klar sein darüber, daß wenn er zuviel Kartoffeln ißt, sein Mittelhirn verkümmert und daß sogar, gerade durch den übermäßigen Kartoffelgenuß, die Sinne leiden können.

Wenn einer als Kind oder als ganz junger Mensch zuviel Kartoffeln ißt, dann wird sein Mittelhirn außerordentlich schwach. Aber im Mittelhirn sind die Quellen der wichtigsten Sinnesorgane. Im Mittelhirn ist der Vierhügelkörper, sind die Sehhügel und so weiter, und es wird sogar das Sehen geschwächt durch den übermäßigen Kartoffelgenuß, weil das gerade im Mittelhirn seine Quellen hat. Und manche Krankheiten der Augen im Alter gehen davon aus, daß der Mensch gerade als Kind zuviel mit Kartoffeln aufgezogen worden ist. Der Mensch wird dann sehschwach, augenschwach. Es ist ja wirklich so, daß die Menschen in Europa früher viel weniger im Alter augenschwach geworden sind als jetzt. Und das rührt wiederum davon her, daß außer dem, was sonst auf die Augen wirkt – aber das wirkt nicht einmal so stark, weil es nicht innerlich wirkt, elektrisches Licht und so weiter –, eben der übertriebene Kartoffelgenuß sehr schädlich auf die Augen, auf das Sehvermögen und sogar auf das Geschmacksvermögen wirkt – sogar auf das Geschmacksvermögen! Sehen Sie, da kommt nämlich das Folgende heraus. Nehmen Sie an, der Mensch ißt schon in der Kindheit zuviel Kartoffeln. Bei einem solchen Menschen werden Sie im späteren Lebensalter sehr häufig das auftreten sehen, daß er nie weiß, wann er genug hat, weil sein Geschmack verdorben ist durch den Kartoffelgenuß, währenddem ein Mensch, der nicht zuviel Kartoffeln gegessen hat, richtig durch seinen Instinkt weiß, wann er genug hat. Also der Instinkt, der mehr ans Mittelhirn gebunden ist, wird eben verdorben durch den übermäßigen Kartoffelgenuß. Das ist dasjenige, was besonders stark in der neueren Zeit hervorgetreten ist.

Aber aus alledem, was ich Ihnen gesagt habe, sehen Sie nun, daß der Mensch ganz besonders darauf bedacht sein muß, daß er stark genug ist, erstens das Faulwerden der Eiweißstoffe zu überwinden, zweitens das Ranzigwerden der Fette, drittens das Gären von Stärke und Zucker.

Nun habe ich Ihnen ja schon das letzte Mal gesagt, ganz Antialkoholiker kann der Mensch nicht sein, denn wenn er gar keinen Alkohol trinkt, so wird Alkohol in ihm selber erzeugt. Aber dieser Alkohol bleibt im Unterleib; der geht nicht bis zum Kopf hinauf, weil der Kopf frei sein muß von Alkohol, sonst wird er sogleich als Träger des Ich unfähig, die Gärung, die im Körper ist, in der richtigen Weise zu bekämpfen. Sehen Sie, jetzt können Sie sich eine Idee bilden von der Art und Weise, wie der Mensch zu seiner Naturumgebung steht. Wenn Sie zum Beispiel auf das überall faulende Eiweiß hinsehen – es verfaulen ja die Tiere, es verfaulen die Pflanzen –, so müssen Sie sagen: Überall ist auch Äther, der das nach und nach wiederum ausgleicht. Wenn Sie hinsehen auf die Fette, die ja auch in den Pflanzen sind, die überall sind, so müssen Sie sagen: Diese Fette würden nach und nach alles Lebendige unfähig machen zu leben, das Tierische und das Menschliche, wenn nicht im Astralleib ein Bekämpfer des Ranzigwerdens da wäre. Der Mensch bekämpft also eigentlich dasjenige, was draußen in der Natur ist. Und wenn der Mensch stirbt, da gehen von ihm der Ätherleib, der Astralleib und das Ich fort. Vom physischen Leib gehen sie fort. Der Mensch geht dann in die geistige Welt hinüber. Was geschieht dann? Nun, meine Herren, Sie wissen ja, was da geschieht. Der Leichnam geht dann sofort über in Faulwerden, zugleich in Ranzigwerden und zugleich in Gärung, nur daß eben das Faulwerden natürlich mehr gesehen wird, eigentlich mehr gerochen wird, weil man ja mit zugestopften Nasen sehr selten herumgeht. Also das Fauligwerden wird leicht gerochen. Aber sich irgendwie über ein Grab legen und kosten, ob das Fett des betreffenden Leichnams ranzig geworden ist, das tut man gewöhnlich nicht, und deshalb weiß man gewöhnlich nichts davon. Und die Gärung, die aber stattfindet, studiert man erst recht nicht. Also tatsächlich ist das der Fall, daß dadurch, daß das Ich fortgeht, der menschliche Leib in Gärung übergeht, dadurch, daß der Astralleib fortgeht, der menschliche Leib in das Ranzigwerden übergeht, und dadurch, daß der Ätherleib fortgeht, der menschliche Leib in Fäulnis übergeht. Das trägt der Mensch fortwährend in sich, aber während er auf der Erde lebt, bekämpft er es fortwährend. Derjenige, der da leugnet, daß im Menschen geistig der Ätherleib, der Astralleib und das Ich sind als wirkliche geistige Wesenheiten, der muß eben gefragt werden: Was stellst du dir denn eigentlich vor, warum fault denn der Mensch nicht? Warum gärt er denn nicht? Warum wird er denn nicht ranzig? Das müßte er nämlich werden, wenn er so wäre, wie der bloße physische Leib ist!

Was tut aber unsere Wissenschaft? Unsere Wissenschaft wartet mit ihrem Studium, bis der Mensch gestorben ist. Denn das, was sie vom lebendigen Menschen weiß, das ist nämlich herzlich wenig gegen das, was sie eigentlich von der Anatomie weiß, wenn der Mensch Leiche ist, gestorben ist. Alles das, was Sie eigentlich lernen können, das bezieht sich nur auf den Leichnam. Es wartet unsere Wissenschaft immer auf den Leichnam. So daß also diese Wissenschaft überhaupt vom wirklichen Menschen, der da lebt, gar nichts wissen kann, weil sie diesen gar nicht berücksichtigt. Und gerade das ist der Schaden unserer Wissenschaft – seit dem 17. Jahrhundert ist es ja eigentlich erst so –, daß sie ihre ganze Erkenntnis im Grunde genommen nur vom Leichnam her hat. Aber der Leichnam ist nicht mehr der Mensch, denn man muß fragen: Was macht, daß, während der Mensch lebt, der Leichnam, den er ja auch im Leben an sich trägt, sich als Leichnam nicht so benimmt, daß er fault, gärt und ranzig wird? Gerade wenn man den lebenden Menschen wirklich betrachtet, so kommt man schon auf diese geistigen, auf diese übersinnlichen Glieder der Menschennatur. Und dann merkt man auch, daß das Ich vorzugsweise im Kopfe wirkt, daß der astralische Leib vorzugsweise in der Brust wirkt, und daß der Ätherleib vorzugsweise im Unterleib wirkt. Und die Wissenschaft weiß nicht einmal etwas vom Unterleib, weil sie glaubt, im Unterleib seien ganz dieselben Vorgänge, die draußen in der Natur sind. Das ist eben nicht so.

Nun, meine Herren, es ist interessant, die Dinge, ich möchte sagen, jetzt nicht abgeschlossen in der Studierkammer zu studieren, sondern im Volksleben draußen zu studieren. Es gibt, wie Sie wissen, Bäder, in denen es nach faulen Eiern riecht, zum Beispiel Marienbad. Auch deutsche Bäder gibt es, die eben Schwefelwasserstoff enthalten, wo eben die Sache riecht wie faule Eier. Ja, wirklich: Leute, die sonst Feinschmecker und auch Feinriecher sind, die müssen solche Badeorte aufsuchen. Und warum tun sie das? Warum leben sie da manchmal mehrere Monate im Sommer an Orten, wo es riecht, wie wenn alles durchstreut wäre mit faulen Eiern? Sehen Sie, das ist so: diese Leute haben nämlich tatsächlich zuviel Eiweißstoff gegessen, und jetzt kommen sie an den Badeort; weil sie mit Haut bedeckt sind und die Sache innerlich ist, so riechen sie selber nicht so, aber wenn man es riechen könnte, so würden sie innerlich furchtbar nach faulen Eiern riechen! Nun kommen also alle diese Leute, die innerlich nach faulen Eiern riechen, nach den Badeorten, wo es nach faulen Eiern riecht, und was geschieht da? Ja, sehen Sie, das eine Mal ist der Faule-Eier-Geruch drinnen, das andere Mal draußen. Das eine Mal, wenn er drinnen ist, merkt es die Nase nicht; das andere Mal, wenn er draußen ist, merkt es die Nase. Kopf und Bauch sind Gegensätze. Was der Bauch an Faule-Eier-Geruch erzeugt, wenn es von der Kopfseite her kommt durch das Riechen, so wird es bekämpft. Und so wird in den Badeorten, die nach faulen Eiern riechen, der innerliche Faule-Eier-Geruch bekämpft.

Das ist besonders für den sehr stark bemerkbar, der einen Sinn hat, solche Beobachtungen zu machen. Ich hatte zufällig an einen solchen Badeort als Junge zu gehen. Ich mußte jeden zweiten Tag nach Bad Marienquelle gehen. Da stinkt es also nach faulen Eiern. Während es äußerlich so unangenehm ist, da es so schrecklich riecht, fängt man plötzlich an, sich sehr wohl im Bauch zu fühlen. Wenn man also nicht krank ist, im Bauch keinen Faule-Eier-Geruch hat, so tritt das Gefühl der höheren Lebenslust auf. Der, der sich nicht abstoßen läßt vom Faule-Eier-Geruch, der kann das erleben. Natürlich derjenige, der sich die Nase zuhält, der hat nicht den Gegensatz, der hat nicht diese Frühlingswirkung im Bauch, die man hat, wenn man sich richtig hingibt dem Faule-Eier-Geruch. Und Faule-Eier-Geruch ist zum Beispiel, auch wenn er künstlich erzeugt wird, ein außerordentlich gutes Heilmittel. Er gibt zum Beispiel dem Körper die Kraft, schwindende Muskeln wiederum fest zu machen, stark zu machen. Nun, die Leute lieben dann solche Kuren nicht, aber sie sind in einer gewissen Beziehung außerordentlich nützlich. Denn sehen Sie, wenn äußerlich an den Menschen der Faule-Eier-Geruch herantritt, dann wird es innerlich im Bauch Frühling. Und im Frühling sprießt und sproßt alles, und der Mensch kann wiederum stark werden dadurch, daß er innerlich im Bauch Frühling kriegt.

Das ist dasjenige, was also bei den Leuten eintritt, die sich auf gefräßige Weise während des Winters ihren Bauch verderben. Sehen Sie, wenn einer sich nicht durch Gefräßigkeit im Winter seinen Bauch verdirbt, dann macht er den Frühling mit, der draußen ist. Gerade der Unterleib macht ja den Frühling in einer außerordentlich starken Weise mit. Aber wenn man den Frühling richtig miterleben will draußen in der Natur, dann muß man möglichst wenig solche Sachen essen wie Gänseleberpasteten und so weiter. Hat man viel Gänseleberpasteten gegessen, dann wird es im Bauche des Menschen nicht Frühling, sondern dann bleibt es im Bauche des Menschen eigentlich so, wie es unter der Erde im Winter ist – nicht wie es auf der Erde ist, sondern wie es unter der Erde ist. Da ist es warm, da tut man ja die Kartoffeln in die Gruben hinein. Aber es wird alles faul im Menschen dadurch, daß die Wärme aufgespeichert wird im Bauche; da wird es im Menschen nicht Frühling. Und dann muß man sich einen künstlichen Frühling suchen im Faule-Eier-Geruch.

So ist der Gegensatz zwischen dem Ich und dem Ätherleib. Das Ich und der Ätherleib müssen sich im Menschen gegenseitig ausgleichen. Sie sehen daraus, daß, wenn man nur wirklich in der Natur studiert, wenn man also mit offenen Sinnen in einen Badeort geht, der da Faule-Eier-Geruch hat, Schwefelwasserstoff, so lehrt einen die Empfindung des Frühlings im Bauche, wie eigentlich innerlich das Gegenteil davon wirkt im Fauligwerden des Eiweißstoffes.

fest :	physischer Körper		
flüssig :	Ätherleib	Eiweiß :	Ätherleib, Unterleib
gasförmig :	Astralleib	Fette :	Astralleib, Brust
wärmeartig :	Ich	Stärke, Zucker :	Ich

Ätherleib bekämpft das Faulen
Astralleib bekämpft das Ranzigwerden
Ich bekämpft das Gären

Ich habe Ihnen da eine Ergänzung liefern wollen zu dem, was ich das letzte Mal sagte. Sie wissen, ich habe Ihnen gesagt: Wenn einer gewisse Gifte zu sich genommen hat, muß er flüssiges Eiweiß als Gegenmittel nehmen. Es werden eben diejenigen Dinge, die gesund sind, Gifte, wenn sie im Körper nicht richtig behandelt werden, wenn sie zuviel hineinkommen. Es kann also sogar das Eiweiß einen Giftstoff im Menschen vertreiben, aber das Eiweiß ist selber giftig, wenn es fault im Körper, wenn zuviel in den Körper hineinkommt. So nahe aneinander ist also Ernährung und Vergiftung. Und Sie werden ja selber schon gehört haben, wie Übermaß in der Ernährung zur Vergiftung werden kann. Ein großer Teil von Krankheiten sind ja Ernährungskrankheiten, das heißt, es ist bei der Ernährung keine Rücksicht darauf genommen, daß die betreffenden Stoffe nur in einer bestimmten Menge hineinkommen dürfen, wenn sie verarbeitet werden sollen.

Über das Verhältnis der Nahrungsmittel zum Menschen

Dornach, 31. Juli 1924

Guten Morgen! Nun, meine Herren, hat sich jemand während der langen Zeit eine Frage zurechtgelegt?

«Frage: Ich möchte Herrn Doktor einmal fragen über die Nahrungsmittel – über Bohnen, Gelbe Rüben und so weiter, was die für einen Einfluß auf den Körper haben? Über Kartoffeln hat Herr Doktor ja schon gesprochen. Vielleicht können wir über andere Nahrungsmittel noch etwas hören. Manche Vegetarier essen nicht hängende Sachen, wie Bohnen, Erbsen. Wenn man zum Beispiel ein Kornfeld sieht, so gibt das einem auch wieder verschiedene Gedanken über die Brotfrucht, die sehr wahrscheinlich alle Völker der Erde, mit Variationen, haben.»

Dr. Steiner: Also es wird gewünscht, daß jetzt etwas gesprochen werden soll über das Verhältnis der Nahrungsmittel zum Menschen. Nun, da ist es notwendig, daß man sich zunächst klarmacht, worauf eigentlich das Ernähren beruht. Man stellt sich zunächst vor, daß die Ernährung darauf beruht, daß der Mensch seine Nahrungsmittel aufnimmt, durch den Mund in den Magen bringt, daß sie sich dann weiter im Körper ablagern, daß er sie wiederum von sich gibt und sich wieder neu ernähren muß und so weiter. So einfach ist aber die Sache nicht, sondern die Dinge sind viel komplizierter. Und man muß, wenn man verstehen will, in welcher Weise eigentlich der Mensch zu den Nahrungsmitteln steht, sich ja erst einmal klarmachen, welcher Art die Nahrungsmittel sind, die der Mensch unbedingt braucht.

Sehen Sie, das erste, was der Mensch braucht, was er unbedingt in sich aufnehmen muß, das ist Eiweiß. Eiweiß also braucht der Mensch unbedingt. Wollen wir uns das einmal aufschreiben, damit wir die Sachen zusammen haben. Also Eiweiß, wie es im Hühnerei zum Beispiel ist; aber nicht nur im Hühnerei, sondern in allen Nahrungsmitteln ist Eiweiß. Eiweiß braucht der Mensch unbedingt. Das zweite, was der Mensch braucht, das sind Fette. Wiederum sind die Fette in allen Nahrungsmitteln drinnen. Es sind auch Fette in den Pflanzen. Das dritte hat einen Namen, der Ihnen weniger geläufig sein wird, den man aber notwendigerweise wissen sollte: Kohlehydrate. Kohlehydrate sind solche Stoffe, wie sie am allermeisten in der Kartoffel zum Beispiel enthalten sind; aber auch in allen anderen Pflanzen sind viel Kohlehydrate. Kohlehydrate sind dadurch ausgezeichnet, daß sie sich, wenn man sie ißt, durch den Speichel des Mundes und durch den Magensaft so langsam in Stärke verwandeln. Die Stärke ist etwas, was der Mensch durchaus braucht; aber er ißt nicht Stärke, sondern er ißt solche Nahrungsmittel, welche Kohlehydrate enthalten; die verwandeln sich in ihm selber in Stärke. Und dann verwandeln sie sich noch einmal bei der weiteren Verdauung in Zucker. Und den Zucker braucht der Mensch. Also in den Kohlehydraten hat er den Zuckergehalt bei sich.

Aber etwas ist noch notwendig für den Menschen: das sind die Salze, die er aufnimmt. Er nimmt sie zum Teil als Zusatz zu den Speisen auf, zum Teil aber sind Salze in allen Speisen schon enthalten.

Wenn wir das Eiweiß betrachten, dann müssen wir bei Tier und Mensch den großen Unterschied ins Auge fassen gegenüber den Pflanzen. Die Pflanzen enthalten auch Eiweiß; sie essen aber kein

Eiweiß. Wenn die Pflanzen aber trotzdem Eiweiß in sich haben, woher haben sie das? Sie haben es aus dem Boden, der Luft, aus dem Leblosen, aus dem Mineralischen; sie können nämlich aus dem Leblosen, aus dem Mineralischen ihr Eiweiß bereiten. Das kann weder das Tier noch der Mensch. Der Mensch kann nicht aus dem Leblosen Eiweiß bereiten – da würde er nur Pflanze sein können –, sondern er muß Eiweiß in sich aufnehmen, wie es wenigstens die Pflanzen oder die Tiere schon zubereitet haben.

Überhaupt braucht der Mensch zu seinem Leben auf der Erde die Pflanzen. Und die Pflanzen – das ist nun das Interessante –, die könnten nicht gedeihen, wenn nicht wiederum der Mensch da wäre! Und da ist es interessant, meine Herren, das müssen Sie nur ins Auge fassen, daß die zwei allerwichtigsten Dinge für das Leben sind: der grüne Pflanzensaft in den grünen Blättern und das Blut auf der anderen Seite. Dieses Grün im Pflanzensaft nennt man Chlorophyll, Blattgrün; also das Chlorophyll ist im grünen Blatt enthalten. Und außerdem ist wichtig das Blut. Nun, da ist etwas höchst Eigentümliches: Sehen Sie, wenn Sie den Menschen betrachten, so atmet der Mensch zunächst – das Atmen ist auch eine Ernährung –, der Mensch nimmt Sauerstoff aus der Luft auf, er atmet Sauerstoff ein. In seinem ganzen Körper, überall, ist aber Kohlenstoff abgelagert. Wenn Sie in die Erde hineingeraten, wo ein Kohlenlager ist, so kommen Sie auf die schwarze Kohle; wenn Sie einen Bleistift spitzen, so kommen Sie auf den Graphit. Kohle und Graphit, das ist Kohlenstoff. Sie bestehen alle, außer anderen Stoffen, den ganzen Körper hindurch aus Kohlenstoff; der wird gebildet im menschlichen Körper.

Nun können Sie sagen: Ja, da ist eigentlich der Mensch ein recht schwarzer Rapuzzel gerade in bezug auf den Kohlenstoff! Aber Sie können ja auch noch etwas anderes sagen: Sehen Sie, der teuerste Körper der Welt, der Diamant, besteht auch aus Kohlenstoff, nur in einer anderen Gestalt! Also wenn Sie das lieber haben wollen, können Sie auch sagen: Sie bestehen in bezug auf den Kohlenstoff aus lauter Diamanten. Der dunkle Kohlenstoff, der Graphit des Bleistiftes und der Diamant sind derselbe Stoff. Wenn die Kohle, die Sie aus der Erde ausgraben, durch irgendeine Kunst durchsichtig gemacht werden kann, dann ist sie Diamant. Also diese Diamanten haben wir überall abgelagert in uns. Wir sind ein richtiges Kohlenlager. Wenn aber der Sauerstoff durch das Blut mit dem Kohlenstoff zusammenkommt, dann bildet sich Kohlensäure. Kohlensäure kennen Sie auch sehr gut: Sie brauchen nur Selterswasser zu nehmen; da sind die Perlen drinnen – diese sind die Kohlensäure, das ist ein Gas. So daß Sie also sich vorstellen können: Der Mensch atmet Sauerstoff durch die Luft ein, der Sauerstoff breitet sich durch das ganze Blut aus, im Blute nimmt er den Kohlenstoff auf, er atmet die Kohlensäure aus. Ein atmen Sie Sauerstoff, aus atmen Sie Kohlensäure.

Meine Herren, es wäre in den Vorgängen, die ich Ihnen geschildert habe in der Entwickelung der Erde, längst alles durch Kohlensäure von Menschen und Tieren vergiftet. Denn die Zeit ist ja lang, seit sich alles auf der Erde entwickelt hat. Wie Sie sehen, könnten längst keine Tiere und Menschen mehr auf der Erde leben, wenn nicht die Pflanzen eine ganz andere Eigenschaft hätten: die Pflanzen, die saugen nicht Sauerstoff ein, sondern gerade Kohlensäure, die der Mensch und das Tier ausatmen. So daß also die Pflanzen ebenso gierig sind auf die Kohlensäure wie der Mensch auf den Sauerstoff.

Und wenn Sie nun da die Pflanze haben (siehe Zeichnung): Wurzel, Stengel, Blätter, Blüte, so saugt also die Pflanze überall Kohlensäure ein; die geht hinein. Und jetzt setzt sich der Kohlenstoff, der da in der Kohlensäure drinnen ist, in der Pflanze nieder, und der Sauerstoff wird wiederum ausgeatmet von den

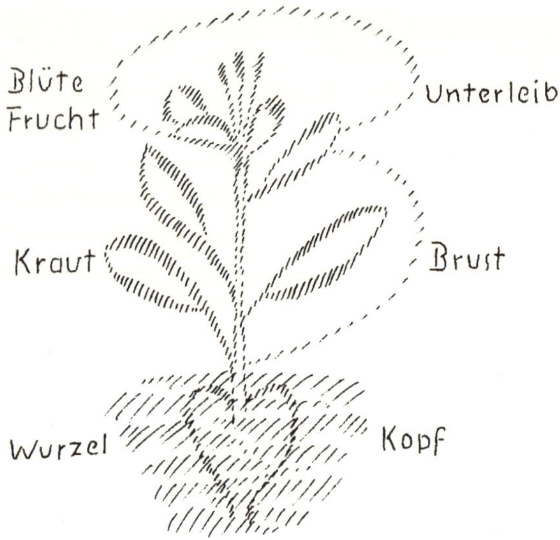

Pflanzen. Da haben ihn die Menschen und die Tiere wieder. Der Mensch gibt Kohlensäure her und tötet alles; die Pflanze behält den Kohlenstoff zurück, gibt den Sauerstoff frei und belebt damit alles. Und nichts könnte die Pflanze machen mit der Kohlensäure, wenn nicht der grüne Pflanzensaft, das Chlorophyll, da wäre. Dieser grüne Pflanzensaft, meine Herren, der ist ein Zauberer, der hält den Kohlenstoff in der Pflanze zurück und gibt den Sauerstoff wieder frei. Das Blut verbindet den Sauerstoff mit dem Kohlenstoff; der grüne Pflanzensaft nimmt den Kohlenstoff wiederum aus der Kohlensäure heraus und gibt den Sauerstoff frei.

Denken Sie, was das für eine feine Sache ist in der Natur, daß die Pflanzen, die Menschen und die Tiere sich auf diese Weise ergänzen! Sie ergänzen sich vollständig.

Nun muß man das Folgende sagen. Sehen Sie, der Mensch

braucht aber nicht bloß von der Pflanze dasjenige, was sie ihm gibt durch den Sauerstoff, sondern er braucht die ganze Pflanze; mit Ausnahme der Giftpflanzen und mit Ausnahme solcher Pflanzen, die wenig von diesen Stoffen enthalten, braucht der Mensch alle Pflanzen, indem er sie nicht durch Atmung, sondern durch Ernährung bekommt. Und da ist wiederum ein solcher merkwürdiger Zusammenhang. Sehen Sie, die Pflanze besteht ja aus der Wurzel, wenn es eine einjährige Pflanze ist – vom Baum[42] wollen wir jetzt absehen –, aus der Wurzel, aus dem Kraut und aus der Blüte mit Frucht. Nun, schauen wir uns einmal die Wurzel an. Die Wurzel, die ist ja in der Erde drinnen; sie enthält namentlich viele Salze, weil in der Erde die Salze drinnen sind. Und die Wurzel hängt mit ihren feinen Würzelchen an dieser Erde; da zieht sie fortwährend aus der Erde die Salze heraus. So daß die Wurzel eben dasjenige ist, was mit dem Mineralreich der Erde, mit den Salzen in besonderer Verbindung steht.

Nun, sehen Sie, meine Herren, verwandt mit der ganzen Erde ist der menschliche Kopf – nicht die Füße, sondern gerade der Kopf ist mit der Erde verwandt. Wenn der Mensch anfängt Erdenmensch zu sein im Mutterleibe, hat er ja zunächst fast nur den Kopf. Beim Kopf fängt er an. Der Kopf ist dem ganzen Weltenall, aber auch der Erde nachgebildet. Und der Kopf braucht vorzugsweise Salze. Denn vom Kopf gehen die Kräfte aus, die den menschlichen Körper zum Beispiel auch mit Knochen durchsetzen.[43] Alles dasjenige, was den Menschen fest macht, geht von der Kopfbildung aus. Wenn der Kopf selber noch weich ist, wie im Mutterleib, dann kann er nicht ordentlich Knochen bilden. Indem der Kopf selber zuerst immer härter und härter wird, gibt er die Kräfte an den Leib ab, damit der Mensch und die Tiere die festen Dinge, vorzugsweise die Knochen bilden können. Daraus sehen Sie schon, daß man die Wurzel, die mit der Erde verwandt ist und die Salze enthält – und zum Knochenbilden braucht man Salze, die Knochen bestehen aus kohlensaurem Kalk, phosphorsaurem Kalk; Salze sind das –, daraus sehen Sie, daß man die Wurzel braucht, um den menschlichen Kopf zu versorgen.

Also, meine Herren, wenn man zum Beispiel merkt, sagen wir, daß ein Kind schwach wird im Kopf, woran können Sie das merken? Man kann das manchmal an entsprechenden Zuständen merken: Wenn ein Kind im Kopf schwach wird, dann kriegt es leicht Würmer im Gedärm. Würmer halten sich im Gedärm auf, wenn die Kopfkräfte zu schwach sind, weil dann der Kopf nicht stark genug in den übrigen Körper herunterwirkt, während die Würmer keine Behausung im Menschen finden, wenn die Kopfkräfte stark in die Gedärme herunter wirken. Daraus können Sie am allerbesten sehen, wie großartig der menschliche Körper eingerichtet ist: Alles hängt in ihm zusammen. Und wenn man ein Kind hat, das Würmer hat, soll man sich sagen, das Kind ist im Kopf schwach; man kann auch sagen – namentlich derjenige, der Pädagoge sein will, muß solche Dinge wissen –, wenn man später im Leben Menschen hat, die kopfschwach sind, so haben sie in der Jugend ihre Würmer gehabt. – Was muß man denn da tun, wenn man das beobachtet? Nun, meine Herren, das einfachste ist, wenn man Gelbe Rüben nimmt, Möhren, und füttert die Kinder eine Zeitlang damit unter anderem; natürlich darf man sie nicht nur mit Gelben Rüben anfüttern, aber eine Zeitlang. Gelbe Rüben sind ja dasjenige, was vorzugsweise Pflanzenwurzel in der Erde ist. Die haben viel Salze; die sind imstande, da sie die Kräfte der Erde haben, wenn sie aufgenommen werden in den Magen, durch das Blut bis in den Kopf wieder zu wirken. Nur salzreiche Stoffe sind fähig, in den Kopf zu dringen. Salzreiche Stoffe, wurzelhafte Stoffe machen den Menschen durch den Kopf stark.

Das ist dasjenige, sehen Sie, was außerordentlich wichtig ist. Und gerade bei den Gelben Rüben, bei den Möhren, da ist es so, daß die alleroberstens Partien des Kopfes stark werden, also dasjenige, was man gerade braucht für den Menschen, damit er innerlich kräftig, steif wird, damit er nicht weichlich wird.

Sehen Sie, wenn Sie die Pflanze von einer Gelben Rübe anschauen, so werden Sie sich sagen: Der Pflanze sehe ich etwas ganz Bestimmtes an, die ist vorzugsweise zu der Wurzel hingewachsen. Es ist ja fast alles Wurzel an der Gelben Rübe. Man interessiert sich nur für die Wurzel, wenn man die Pflanze hat. Das andere, das Kraut, ist nur so obenauf, hat nicht viel Bedeutung. Also diese Gelbe Rübe ist vorzugsweise geeignet, den menschlichen Kopf als ein Nahrungsmittel zu versorgen. Wenn Sie daher manchmal fühlen, Sie haben so eine Kopfschwäche, eine Leere im Gehirn, können nicht gut denken, dann ist es auch gut, wenn Sie sich Gelbe Rüben einmal eine Zeitlang in die Nahrung tun. Aber am meisten hilft das natürlich bei Kindern.[44]

Nun, wenn Sie jetzt aber die Kartoffel vergleichen mit der Gelben Rübe – ja sehen Sie, die schaut ganz anders aus als die Gelbe Rübe. Sie wissen ja, die Kartoffel hat Kraut, aber sie hat dann gerade das, was man ißt, diese Knollen; die stecken in der Erde drinnen. Nun kann man, wenn man oberflächlich die Sache betrachtet, sagen: Bei der Kartoffel sind diese Knollen die Wurzeln. Das ist aber nicht wahr; diese Knollen sind keine Wurzeln. Wenn Sie nämlich genauer zuschauen, so werden Sie überall sehen: Da hängen eigentlich erst die Wurzeln daran an den Knollen in der Erde. Die eigentlichen Wurzeln sind kleine Würzelchen, die daranhängen an den Knollen; sie fallen nur leicht ab. Wenn man die Kartoffeln ausnimmt, sind sie schon abgefallen; aber wenn man sie ganz frisch ausnimmt, sind sie überall noch dran. Wenn wir die Knollen nehmen und essen, haben wir schon so etwas wie

Stengel oder Kraut, das sich nur scheinbar wie Wurzeln ausbildet; in Wirklichkeit ist das ein Stengel oder ein Kraut; die Blätter sind umgestaltet. Das ist also etwas, was zwischen der Wurzel und dem Kraut drinnen ist. Daher hat die Kartoffel nicht so viel Salze in sich wie zum Beispiel die Rübe, ist nicht so erdenhaft; sie wächst zwar in der Erde, aber sie ist nicht so verwandt mit dem Erdigen. Und die Kartoffel, die hat vorzugsweise Kohlehydrate, nicht so viel Salze, aber Kohlehydrate.

Jetzt müssen Sie sich folgendes sagen: Wenn ich Gelbe Rüben esse, dann kann mein Körper eigentlich ein richtiger Faulenzer sein, denn er braucht nur den Mundsaft, den Speichel zu verwenden bei der Gelben Rübe, um sie aufzuweichen im Speichel; er braucht nur den Magensaft zu verwenden, das Pepsin und so weiter, und die ganze wichtige Sache von der Gelben Rübe geht in den Kopf. Der Mensch braucht die Salze. Diese Salze werden geliefert durch alles das, was Pflanzenwurzel ist, und im besonderen Maß von einer solchen Wurzel wie der Gelben Rübe.

Nun, wenn der Mensch aber Kartoffeln ißt, gibt er sie auch zunächst in den Mund, in den Magen; da wird aus der Kartoffel erst durch die Anstrengung des Leibes Stärke gebildet. Dann geht es weiter durch den Darm. Damit es bei weiterer Verdauung bis ins Blut geht und auch in den Kopf kommen kann, muß wiederum eine Anstrengung gemacht werden, daß aus der Stärke Zucker gewonnen wird. Dann erst kann es in den Kopf gehen. Da muß man also eine größere Kraft anwenden. Ja, sehen Sie, meine Herren, wenn ich auf etwas Äußerliches eine Kraft anwenden soll, dann werde ich schwach. Das ist ja das Geheimnis des Menschen: Wenn ich Holz hacke, also wenn ich äußerlich eine Kraft anwende, dann werde ich schwach. Wenn ich aber innerlich eine Kraft in mir ausbilde, daß ich Kohlehydrate in Stärke und Stärke in Zucker verwandle, da werde ich stark. Gerade indem ich das ausführe, daß ich mich selber mit Zucker durchsetze, dadurch daß ich Kartoffeln esse, werde ich stark. Wenn ich äußerlich Kraft anwende, werde ich schwach; wenn ich innerlich Kraft anwende, werde ich stark. Es kommt also nicht darauf an, daß man sich mit Nahrungsmitteln nur ausfüllt, sondern daß die Nahrungsmittel im Körper Kräfte entwickeln.

So daß man also sagen kann: Wurzelnahrung – denn alle Wurzeln sind so, nur nicht in demselben Grade wie die Rübenwurzel, daß sie vorzugsweise auf den Kopf wirken –, Wurzelnahrung, die gibt dem Körper dasjenige, was er für sich braucht. Nahrung, die schon ein bißchen nur nach dem Kraut neigt, Kohlehydrate hat, die gibt dem Körper Kräfte, die er zum Arbeiten braucht, zur Bewegung braucht.

Nun, über die Kartoffel habe ich schon gesprochen; sie macht den Menschen zugleich, indem sie wiederum furchtbar viel Kraftaufwand braucht, wieder schwach, und macht ihn vor allen Dingen so, daß er nicht auf die Dauer Kräfte bekommt. Aber das Prinzip, das ich Ihnen jetzt auseinandergesetzt habe, gilt gerade eben für die Kartoffel.

Aber in demselben Maße wie die Kartoffel im schlechteren Sinne, sind im guten Sinne alle die Saatfrüchte Nahrungsmittel: Weizen oder Roggen und so weiter. Da drinnen sind nun auch die Kohlehydrate, und zwar so, daß der Mensch in der günstigsten Weise Stärke bereitet, Zucker bereitet, sich also eigentlich durch die Kohlehydrate der Feldfrüchte so stark machen kann, als es nur möglich ist. – Denken Sie nur einmal, wie stark gerade die Leute auf dem Lande werden dadurch, daß sie einfach viel von ihrem Brot essen, in dem die Feldfrüchte drinnen sind! Sie müssen nur an sich schon gesunde Körper haben; gerade wenn man gröberes Brot verträgt, ist es eigentlich die allergesündeste Nahrung. Sie müssen gesunde Körper haben; aber dann wird gerade der Körper durch die Stärke- und Zuckerbereitung ganz besonders stark.

Nun entsteht ja eine Frage. Sehen Sie, die Menschen sind ganz von selber, möchte man sagen, darauf gekommen in ihrer Entwikkelung, die Feldfrüchte nicht so zu essen wie die Tiere. Das Roß frißt seinen Hafer, fast wie er wächst. Die Tiere fressen ihre Körnerfrüchte so, wie sie wachsen. Denn die Vögel müßten schlecht Körnerfrüchte essen können, wenn sie darauf angewiesen wären, daß sie ihnen jemand erst kochte! Die Menschen sind von selber darauf gekommen, sich die Feldfrüchte zu kochen. Meine Herren, was geschieht denn dadurch, daß ich die Feldfrüchte koche? Sehen Sie, dadurch, daß ich die Feldfrüchte koche, genieße ich sie nicht kalt, sondern warm. Nun müssen wir, wenn wir die Nahrung innerlich verarbeiten wollen, Wärme aufwenden. Das geht nicht ohne Wärme ab, meine Herren, daß man Kohlehydrate in Stärke und Stärke in Zucker verwandelt; das bedarf eines innerlichen Heizens. Wenn ich nun schon außen heize und die Nahrungsmittel schon warm mache, dann komme ich dem Körper zu Hilfe; dann braucht er die Wärme nicht von sich selber abzugeben. Also erstens werden die Nahrungsmittel dadurch schon in den Feuer-, in den Wärmeprozeß aufgenommen, daß man sie kocht. Das ist das erste. Das zweite ist aber: die Nahrungsmittel werden da ganz verändert! Denken Sie nur, was aus dem Mehl gemacht wird, wenn ich es zu Brot verbacke. Es wird ja ganz anders! Aber durch was wird es anders? Nun, zunächst mahle ich die Früchte. Was heißt mahlen? Ganz klein machen. – Ja, sehen Sie, das, was ich da tue mit den Körnerfrüchten, daß ich sie mahle, ganz klein mache, das müßte ich ja später in meinem eigenen Leib tun! Alles das, was ich da mache, müßte ich in meinem eigenen Leib tun; durch das, was ich da mache, nehme ich es dem Leib ab. Ebenso wenn ich sie röste. Alle diese Dinge, die ich beim Kochen ausführe, die nehme ich dem Leib ab, so daß ich die Nahrungsmittel dann in einen Zustand bringe, in dem der Körper sie leichter verdaut.

Sie brauchen ja nur zu vergleichen, was für ein Unterschied bestehen würde, wenn der Mensch rohe Kartoffeln essen würde, oder wenn er sie gekocht ißt. Wenn der Mensch rohe Kartoffeln essen würde, müßte der Magen ungeheuer viel Wärme hergeben, um diese rohe Kartoffel, die fast schon Stärke ist, umzuändern. Wie er sie jetzt umändert, das ist aber nicht hinreichend. Die Kartoffel geht dann in den Darm. Der Darm muß wiederum viel Kraft aufwenden. Dadurch aber bleibt die Kartoffel überhaupt im Darm stecken; die späteren Kräfte sind nicht mehr geeignet, die Kartoffel weiterzuleiten in den übrigen Körper. Ißt man also rohe Kartoffeln, so füllt man sich entweder bloß den Magen an – und der Darm kann schon nicht mehr weiter was damit anfangen –, oder man füllt sich den Darm an; aber weiter geht es nicht. Bereitet man aber die Kartoffel vor, indem man sie kocht oder irgendwie anders zubereitet, hat der Magen nicht mehr so viel damit zu tun, der Darm auch nicht; die Kartoffeln gehen über ins Blut und gehen bis in den Kopf.[44a]

Also Sie sehen, man hat dadurch, daß man die Speisen kocht, insbesondere daß man diejenigen Speisen kocht, welche auf die Kohlehydrate berechnet sind, die Möglichkeit, die Ernährung zu unterstützen.

Sie wissen ja, in der neueren Zeit sind allerlei Narrheiten gekommen, besonders in bezug auf die Ernährung. Die Narrheiten sind ja heute eigentlich Mode. Da gibt es «Rohköstler», die wollen überhaupt nichts mehr kochen, die wollen durchaus alles bloß roh essen. – Nun, natürlich, aus was kommt so etwas? Weil die Leute aus der materialistischen Wissenschaft nicht mehr wissen, wie die Sachen sind, und eine geistige Wissenschaft wollen sie nicht kennenlernen. Daher denken sie sich etwas aus. Die ganze

Rohköstlerei ist nichts als eine Phantasterei. Eine Zeitlang kann man schon, weil der Körper starke Kräfte aufwenden muß, ich möchte sagen, den Körper aufpeitschen, wenn man bloß Rohkost benützt; aber um so mehr fällt er dann zusammen.[45]

Nun, meine Herren, kommen wir jetzt zu den Fetten überhaupt. Die Pflanzen, fast alle Pflanzen enthalten Fette, Pflanzenfette, die sich die Pflanzen aus den Mineralien bereiten. Ja, sehen Sie, die Fette, die kommen nicht so leicht in den menschlichen Körper hinein wie die Kohlehydrate und die Salze. Die Salze werden eigentlich gar nicht verändert. Wenn Sie sich Ihre Suppe salzen: das Salz, das Sie da reinschmeißen, das geht fast unverändert in Ihren Kopf als Salz hinauf;[46] Sie kriegen das in den Kopf hinein. Wenn Sie aber Kartoffeln essen, so kriegen Sie in Ihren Kopf schon nicht mehr Kartoffeln hinein, sondern Zucker;[46a] aber die Verwandlung geht so vor sich, wie ich es Ihnen gesagt habe. Bei den Fetten aber, gleichgültig, ob Sie pflanzliche oder tierische Fette essen, da geht die Sache nicht so einfach. Bei den Fetten ist es so: Wenn Sie die Fette essen, dann werden sie durch den Mundsaft, Magensaft, Darmsaft überhaupt fast ganz aufgegessen, und es geht ganz was anderes ins Blut über, und das Tier und der Mensch muß sich durch die Kraft, welche die Fette hervorrufen, im Darm und im Blut erst selber die Fette bilden.

Sehen Sie, das ist der Unterschied zwischen dem Fett und zwischen Zucker oder Salz. Salz und Zucker nimmt der Mensch eigentlich noch aus der Natur auf, nur daß er sich den Zucker aus der Kartoffel oder aus dem Roggen und so weiter verwandelt. Da hat er noch etwas von der Natur drinnen. Bei dem Fett, das der Mensch oder das Tier in sich hat, ist nichts mehr Natur; das hat er sich selber gebildet. Aber er hätte keine Kraft, wenn er sich nicht ernähren würde, und Darm und Blutansatz brauchen Fett. So daß man sagen kann: Salze könnte der Mensch nicht selber bilden.

Der menschliche Körper würde, wenn er nicht Salze aufnehmen würde, niemals sich von selber Salze bilden. Wenn der Mensch nicht Kohlehydrate aufnehmen würde, wenn er nicht Brot oder so etwas essen würde, wodurch er Kohlehydrate aufnimmt, würde er nicht Zucker bilden können. Wenn er aber nicht Zucker bilden könnte, würde er ewig ein Schwachmatikus sein. Das verdanken Sie nur dem Zucker, meine Herren: Weil Sie durch und durch voll Süßigkeit sind, haben Sie Kraft. In dem Augenblicke, wo Sie nicht mehr durch und durch voll Süßigkeit wären, würden Sie nicht mehr Kraft haben, würden Sie zusammensinken.

Sehen Sie, das geht bis in die Völker hinein. Wir haben Völker, welche wenig Zucker verzehren und auch wenig Stoffe, die Zukker bereiten. Das sind schwache Völker in bezug auf physische Kräfte. Wir haben Völker, die viel Zucker essen; das sind starke Völker.

Aber so leicht hat es der Mensch mit den Fetten nicht. Wenn der Mensch Fette hat in sich, das Tier auch, so ist das sein eigenes Verdienst, das Verdienst seines Körpers. Die Fette sind ganz sein eigenes Produkt. So daß also der Mensch das, was er an Fetten in sich aufnimmt von außen durch Pflanzenfette, durch tierische Fette, vernichtet, und in der Überwindung der Fette entwickelt er jetzt die Kraft. Bei der Kartoffel, beim Roggen, beim Weizen, da entwickelt der Mensch seine Kräfte, indem er die Stoffe verwandelt; bei den Fetten, die er ißt, entwickelt er die Kraft, indem er die Stoffe vernichtet. Wenn ich von außen irgend etwas vernichte, werde ich wieder müde und matt. Wenn ich aber im Inneren ein ganz fettes Beefsteak vernichte, werde ich dadurch schwach, aber diese Vernichtung des ganz fetten Beefsteaks oder die Vernichtung von Pflanzenfett, das gibt mir wiederum Kraft, daß ich das eigene Fett entwickeln kann, wenn mein Körper dazu veranlagt ist. So sehen Sie also, daß die Fettnahrung auf ganz andere Art im menschlichen Körper wirkt als die Kohlehydratnahrung.

Nun, meine Herren, der menschliche Körper ist ja recht kompliziert, und man muß schon sagen, das, was ich Ihnen da erzähle, das ist eine große Arbeit; es muß viel geschehen im menschlichen Leib, daß er diese Pflanzenfette vernichten kann. Nehmen wir aber jetzt an, der Mensch genießt Kraut, also von der Pflanze das Krautartige. Ja, das ist schon so: Wo das Krautartige genossen wird, da ist dasjenige da, was der Mensch namentlich an Fetten von der Pflanze bekommt. Wodurch ist denn der Halm so ein hartes Zeug? Weil er die Blätter umbildet, so daß sie zu Kohlehydraten werden. Wenn aber die Blätter grün bleiben – je grüner sie sind, desto mehr geben sie eben fettige Substanz. So daß also der Mensch, wenn er Brot ißt, sagen wir, vom Brot nicht viel Fett aufnimmt in sich. Er nimmt zum Beispiel von dem, was, sagen wir, Brunnenkresse ist – die kleine Pflanze mit den ganz kleinen Blättern –, mehr Fett auf, als wenn er Brot ißt. Es ist daher ein Bedürfnis entstanden, daß man das Brot mit Butter, mit etwas Fett ißt, nicht für sich, oder wie die Landleute mit Speck und so weiter, was ja wiederum Fett ist, da ist dann für zweierlei gesorgt.

Wenn ich Brot esse, so geht das Brot dadurch, daß das Wurzelhafte der Pflanze bis in den Halm hinaufgeht – denn der Halm, der hat die Wurzelkräfte, trotzdem er Halm ist und oben in der Luft wächst, in sich –, bis in den Kopf hinauf. Es kommt nicht darauf an, ob etwas oben in der Luft ist, sondern ob es wurzelhaft ist. Aber das Blatt, das grüne Blatt ist nicht wurzelhaft. Drunten in der Erde entsteht kein grünes Blatt. Im Herbst, wenn die Sonnenkräfte nicht mehr stark wirken, da kann der Halm ausreifen, gegen den Spätsommer und Herbst zu. Aber die stärksten Triebkräfte der Sonne braucht das Blatt, wenn es reifen soll; das wächst der Sonne zu. So daß wir sagen können: Das Kraut wirkt vorzugsweise auf Lunge und Herz, während also die Wurzel den Kopf stark macht und auch noch die Kartoffel so ist, daß sie eigentlich bis zum Kopfe kommt. Wenn wir das Kraut essen, das vorzugsweise Pflanzenfette uns geben kann, machen wir uns in Herz und Lunge stark, im mittleren Menschen, im Brustmenschen. Das ist, möchte ich sagen, das Geheimnis der menschlichen Ernährung: Will ich auf meinen Kopf wirken, dann bereite ich mir Wurzelnahrung oder Halmnahrung oder so etwas zu; will ich auf Lunge und Herz wirken, mache ich mir Salat und so weiter. Weil aber diese Dinge schon im Darm vernichtet werden und nur die Kräfte wirken, braucht man da nicht so viel zu kochen. Daher werden die Blätter zu Salaten gemacht. Aber alles das, was im Kopfe wirken soll, das kann nicht zu Salaten gemacht werden, das muß verkocht werden. Gekochte Nahrung wirkt vorzugsweise bis in den Kopf. Salatartige Nahrung wirkt vorzugsweise auf Lunge, Herz und so weiter aufbauend, also ernährend hinein, und zwar durch die Fette.

Nun ist es aber so, meine Herren, daß man nicht nur auf den Kopf wirken muß und auf den mittleren, auf den Brustmenschen, sondern der Mensch muß ja auch die Nahrungsorgane selber aufgebaut haben. Er braucht einen Magen, ein Gedärm, er braucht Nieren, die Leber, und er muß also die Nahrungsorgane selber aufgebaut haben. Nun ist das Interessante: Zum Aufbauen der Nahrungsorgane braucht der Mensch als Ernährung gerade das Eiweiß, das Eiweiß in den Pflanzen, und zwar vorzugsweise wie es in den Pflanzen enthalten ist in der Blüte, und namentlich in der Frucht selber. So daß wir sagen können: Die Wurzel ernährt vorzugsweise den Kopf (siehe Zeichnung, Seite 139); das, was in der Mitte der Pflanze ist, das Kraut, ernährt vorzugsweise die Brust, und das, was in den Früchten ist, den Unterleib.

Schauen wir also auf unsere Saatfelder, so können wir sagen:

Gut, daß die da sind, denn davon wird unser Kopf genährt. Schauen wir auf den Salat, den wir anpflanzen, auf alles dasjenige, was wir in den Blättern essen, was wir nicht zu kochen brauchen, weil es schon in den Därmen verdaut werden kann, weil es nur auf die Kräfte ankommt, dann bekommen wir alles das, was uns unsere Brustorgane erhält. Aber gucken wir hinauf auf die Pflaumen, Äpfel, Früchte, die an den Bäumen wachsen – ja sehen Sie, da brauchen wir nicht viel zu kochen, denn die werden schon im ganzen Sommer von der Sonne selber ausgekocht! Also da wird schon die innere Reifung bewirkt; da ist es anders als bei Wurzeln und bei dem, was also nicht von der Sonne ausgereift wird, sondern verdorrt wie Halme und so weiter. Bei den Früchten, da brauchen wir nicht viel zu kochen, sondern nur dann, wenn wir einen schwachen Organismus haben, der im Darm die Früchte nicht vernichten kann, müssen wir kochen, Kompotte machen und dergleichen. Also gerade wenn jemand Darmkrankheiten hat, muß er dafür sorgen, daß er die Früchte in Kompottform bekommt, als Brei, Mus und so weiter. Aber wenn einer ein ganz gesundes Verdauungssystem hat, ein ganz gesundes Darmsystem, dann sind die Früchte gerade dazu da, den Unterleib aufzubauen, und zwar durch das, was sie an Eiweiß in sich haben. Eiweiß in den Pflanzenfrüchten baut Ihnen Ihren Magen auf, baut alles dasjenige auf, was der Mensch im Unterleib als Ernährungsorgane selber hat.

Sehen Sie, was eigentlich für ein Instinkt immer da war! Die Menschen haben natürlich das, was ich Ihnen jetzt auseinandersetze, nicht so mit Begriffen gewußt, aber sie haben es aus dem Instinkt gewußt. Daher haben sie eigentlich immer sich eine gemischte Nahrung zubereitet aus Wurzeln, Kraut und Früchten, haben alle diese Dinge gegessen, und auch auf die Mengen, die man zum einen oder zum anderen braucht, sind sie aus dem Instinkt gekommen.

Nun wissen Sie aber, daß die Menschen nicht bloß Pflanzen essen, sondern auch Tiere, Fleisch von Tieren, Fett von Tieren genießen und so weiter.

Sehen Sie, die Anthroposophie ist nirgends dazu da, fanatisch oder sektenhaft aufzutreten, sondern nur, um zu sagen, wie die Dinge sind. Und man kann nicht sagen, daß der Mensch nur Pflanzen essen soll, oder auch Tierisches essen soll und so weiter, sondern man muß folgendes sagen: Es gibt einfach Menschen, die können durch alle die Kräfte, die sie in sich durch die Vererbung haben, nicht so viel Kräfte aufbringen, daß sie alle die Arbeit verrichten können, um Pflanzenfette soweit zu vernichten, daß die Kräfte wiederum entstehen im Leib, um eigenes Fett zu erzeugen. Sehen Sie, wer nur Pflanzenfette ißt, ja, meine Herren, das ist ein Mensch, der entweder darauf verzichten muß, ein dicker Kerl zu werden, weil das Pflanzenfett vernichtet wird – und aus der Vernichtung entstehen Kräfte –, oder aber er muß eine furchtbar gute Gesundheit in der Verdauung haben, daß es ihm leicht wird, die Pflanzenfette zu vernichten; dann kriegt er Kräfte, um eigenes Fett anzusetzen. Die meisten Menschen aber sind so, daß sie eigentlich das gar nicht durchführen können, eigenes Fett genügend anzusetzen, wenn sie nur Pflanzenfett vernichten. Wenn die Menschen aber tierisches Fett essen oder Fleisch, wird das nicht ganz vernichtet. Pflanzenfett geht nicht über die Gedärme heraus, wird in den Gedärmen vernichtet; das Fett aber, das im Fleisch enthalten ist, geht wieder in den Menschen über. Und er darf schwächer sein – schwächer, als wenn er sich bloß mit dem Pflanzenfett ernährt. Daher werden wir unterscheiden zwischen solchen Körpern, die nicht gern das Fett haben, Körpern, die nicht gern Speck essen, die insbesondere fette Nahrungsmittel nicht gern mögen; das sind solche Körper, die verhältnismäßig leicht das Fett vernichten und dadurch Fett in sich selber bilden wollen. Die Körper sagen: Was ich an mir trage an Speck, das will ich mir selber machen; meinen eigenen Speck will ich haben. – Wenn aber einer sich die Tafel ganz voll setzt mit fetten Speisen, dann sagt er nicht: Meinen Speck will ich selber machen –, sondern dann sagt er: Die Welt soll mir meinen Speck geben –, denn das tierische Fett geht in den Leib über. Das ist also eine Erleichterung in der Ernährung.

Wenn das Kind Zucker schleckt, tut es das ja nicht wegen der Ernährung. Es ist schon etwas Nahrhaftes drinnen, wenn die Kinder Zucker schlecken, aber das Kind tut das ja nicht wegen der Ernährung, sondern wegen der Süße. Nun, da wird die Süßigkeit bewußt beim Zuckerschlecken. Wenn der Mensch aber das Fett vom Ochsen, vom Schwein, oder was es halt ist, in sich aufnimmt – ja, meine Herren, da geht das über in seinen Körper. Das befriedigt seine Wollust geradeso, wie das Zuckerschlecken die Wollust des Kindes befriedigt, nur daß es nicht so befriedigt, aber der Mensch fühlt schon, daß da Wollust drinnen ist. Nun braucht der Mensch natürlich zu seinem inneren Dasein diese innere Wollust. Daher liebt er das Fleisch. Fleisch ißt man also besonders, wenn der Körper das Fleisch liebt.

Aber man darf in dieser Beziehung nicht fanatisch sein. Es gibt Menschen, die können gar nicht bestehen, wenn sie kein Fleisch essen. Es muß daher immer sorgfältig ausprobiert werden, ob sie wirklich ohne Fleisch leben können. Aber wenn einer ohne Fleisch auskommen kann, fühlt er sich dann, wenn er von der Fleischnahrung übergeht zu der vegetarischen Nahrung, stärker als vorher. Sehen Sie, das ist eben die Schwierigkeit: Mancher verträgt gar nicht zu leben ohne Fleisch. Wenn er aber das kann, so fühlt er sich dann stärker, wenn er Vegetarier geworden ist, weil er nicht mehr darauf angewiesen ist, fremdes Fett in sich abzulagern, sondern nur sein eigenes Fett kriegt; in dem fühlt er sich dann stark.

Und ich kann schon sagen: Das weiß ich von mir selber, der ich die Anstrengungen, die ich seit langer Zeit, die ich in den letzten vierundzwanzig Jahren habe durchmachen müssen, daß ich die anders nicht hätte durchmachen können! Dann würde ich nicht ganze Nächte haben fahren können und am nächsten Tag einen Vortrag halten und so weiter. Denn, nicht wahr, es wird einem das, was man sich selber bereiten muß, wenn man Vegetarier ist, abgenommen, wenn man sich durch das Tier zuerst diese Arbeit verrichten läßt. Das ist die Geschichte. Sie dürfen aber nicht glauben, daß ich in irgendeiner Weise für den Vegetarismus agitiere, weil es wirklich immer erst ausprobiert werden muß, ob der betreffende Mensch überhaupt Vegetarier werden kann oder nicht; das ist seine Anlage.

Sehen Sie, meine Herren, besonders wichtig ist das ja beim Eiweiß. Eiweiß kann man auch umgestalten, wenn man in der Lage ist, es so, wie man es aufnimmt als Pflanzeneiweiß, im Gedärm zu vernichten; und dann bekommt man die Kräfte. Aber sobald das Gedärm schwach wird, muß man es schon von außen bereiten, also richtig Eiweiß aufnehmen, was ja dann zum Beispiel tierisches Eiweiß ist, denn die Hühner, die die Eier liefern, sind ja auch Tiere. Nun, das Eiweiß, das ist etwas, was eigentlich wirklich ganz falsch beurteilt wird, wenn man die Sache nicht geisteswissenschaftlich beurteilt.

Wenn ich Wurzeln esse, so kommen ihre Salze bis in meinen Kopf. Wenn ich Salat esse, so kommen die Kräfte – nicht die Fette selber, aber die Kräfte, die von den Fetten in den Pflanzen sind – in meine Brust, Lunge und Herz. Wenn ich Früchte esse, so kommt das Eiweiß aus den Früchten aber nicht bis in die Brust, sondern bleibt im Gedärm. Und das Eiweiß nun, das man aus dem Tierischen hat, das geht weiter als ins Gedärm, das versorgt den Körper, weil das Eiweiß von den Tieren sich ausbreitet. So könnte man sagen: Wenn der Mensch besonders viel Eiweiß ißt, so muß er ein gut genährter Mensch werden. Das hat dazu geführt, daß im materialistischen Zeitalter die Leute, die Medizin studiert hatten, den Leuten übertriebenen Eiweißgenuß angeraten haben; man hat behauptet, daß hundertzwanzig bis hundertfünfzig Gramm Eiweiß notwendig sind. Unsinn ist das! Heute weiß man, daß nur ein Viertel davon für den Menschen notwendig ist. Und tatsächlich, wenn der Mensch so furchtbar viel Eiweiß ißt, was unnötig ist ja, sehen Sie, dann kommt es eben so, wie es einmal einem Professor gegangen ist mit seinem Assistenten: Die haben einen Menschen, der unterernährt war, mit Eiweiß auffüttern wollen. Nun setzt man voraus, daß das Eiweiß, wenn es besonders viel ist, umgewandelt wird im Menschen, und daß sich im Urin zeigt, daß er Eiweiß gegessen hat. Nun kamen sie bei diesem Menschen darauf: Der Urin zeigt nicht, daß das Eiweiß im Körper drinnen verarbeitet ist. Sie kamen nicht darauf, daß durch den Darm Eiweiß abging. Der Professor war ganz wild darüber. Und der Assistent sagte mit schlotternden Beinen ängstlich: Ja, Herr Professor, vielleicht durch den Darm? – Ja, was war geschehen? Die haben den Mann mit Eiweiß überfüttert, aber das hat ihm nichts genützt, denn das Eiweiß ist vom Magen in den Darm gegangen, und dann wiederum hinten heraus. Es ist also gar nicht in den Körper gegangen. Wenn man zuviel Eiweiß füttert, so geht es gar nicht in den Körper, sondern in die Fäkalien. – Aber etwas hat er doch davon, denn bevor es herausgeht, bleibt es im Darm liegen und wird zu Gift und intoxiert den ganzen Körper, vergiftet den Körper! Das hat man von zuviel Eiweiß. Und von dieser Vergiftung entsteht sehr häufig die Arterienverkalkung, so daß viele

Menschen die Arterienverkalkung zu früh kriegen – sie einfach deshalb kriegen, weil sie mit Eiweiß überfüttert werden.

Also es ist schon wichtig, so wie ich es gerade auseinandergesetzt habe, die Ernährungsfrage kennenzulernen. Denn die meisten Menschen sind eigentlich sehr häufig der Ansicht: man wird um so besser ernährt, je mehr man ißt. Das ist nicht richtig, sondern man wird manchmal viel besser ernährt, wenn man weniger ißt, weil man dann sich nicht vergiftet.

Und das ist es: Man muß wissen, wie diese einzelnen Stoffe wirken. Man muß wissen, daß also Salze vorzugsweise auf den Kopf wirken, daß Kohlehydrate, wie sie also in unseren Hauptnahrungsmitteln, in Brot und in den Kartoffeln sind, mehr auf das Lungensystem und auf das Halssystem – Lunge, Hals, Gaumen und so weiter – wirken, daß Fette vorzugsweise wirken auf Herz und Blutgefäße, Arterien und Venen, und daß das Eiweiß vorzugsweise wirkt auf die Unterleibsorgane. Der Kopf hat überhaupt nichts besonderes vom Eiweiß. Das Eiweiß, das im Kopfe ist – natürlich muß der Kopf auch aus Eiweiß aufgebaut werden, denn er besteht ja aus lebendiger Substanz –, das Eiweiß muß sich der Mensch auch selber bilden. Wenn man ihn also überfüttert, so darf man nicht glauben, daß er dadurch ein besonders gesundes Hirn kriegt, sondern im Gegenteil, er kriegt ein vergiftetes Hirn.

Ich werde vielleicht noch eine Stunde über die Ernährung reden müssen. Es ist dies aber ganz schön, weil solche Fragen ganz fruchtbar sind. Also dann nächsten Samstag um neun Uhr.

Eiweiß:	Unterleibsorgane
Fette:	Herz und Blutgefäße
Kohlehydrate:	Lunge, Hals, Gaumen
Salze:	Kopf

Fragen der Ernährung, Düngung, Abhärtung

Dornach, 2. August 1924

Ich möchte heute einiges noch beifügen zu dem, was vorigen Donnerstag auf die Frage von Herrn Burle gesagt werden konnte. Ich habe also auseinandergesetzt, wie vier Dinge zur Ernährung für jeden Menschen notwendig sind: Salze; dasjenige, was man Kohlehydrate nennt, was also vorzugsweise in Kartoffeln enthalten ist, was aber auch ganz besonders enthalten ist in den Körnerfrüchten unserer Felder, und auch in den Hülsenfrüchten. Und dann, sagte ich, braucht der Mensch außerdem Fette; und er braucht Eiweiß. Aber ich habe Ihnen auseinandergesetzt, wie ganz verschieden die Ernährung ist beim Menschen in bezug auf Eiweiß zum Beispiel und, sagen wir, Salz. Das Salz nimmt der Mensch in seinen Körper bis zum Kopfe hin so auf, daß es Salz bleibt, daß es sich eigentlich nicht anders verändert, als daß es aufgelöst wird. Aber es behält seine Kräfte als Salz bei bis in den menschlichen Kopf hinein. Dagegen das Eiweiß, also dasjenige, was wir im gewöhnlichen Hühnerei haben, was wir aber auch in den Pflanzen haben, dieses Eiweiß, das wird sogleich im menschlichen Körper, noch im Magen und in den Gedärmen, vernichtet, bleibt nicht Eiweiß. Aber jetzt hat der Mensch die Kraft aufgewendet, dieses Eiweiß zu vernichten, und die Folge davon ist, daß er auch wieder die Kraft bekommt, weil er Eiweiß vernichtet hat, Eiweiß wieder herzustellen; und so macht er sich sein eigenes Eiweiß. Er würde es sich aber nicht machen, wenn er nicht erst anderes Eiweiß zerstören würde.

Stellen Sie sich einmal vor, meine Herren, wie das beim

Eiweiß ist. Denken Sie sich einmal, Sie sind ein ganz verständiger Mensch geworden und sind so gescheit, daß Sie sich die Geschicklichkeit zutrauen, eine Uhr zu machen, Sie haben aber nichts gesehen als eine Uhr, wie sie von außen ausschaut – nun, da werden Sie nicht gleich eine Uhr machen können. Aber wenn Sie es riskieren, die Uhr ganz zu zerlegen, ganz auseinanderzunehmen, in ihre einzelnen Stücke zu zerlegen und sich dabei merken, wie die Geschichte zusammengesetzt war, dann lernen Sie aus dem Zerlegen der Uhr, wie Sie sie wiederum zusammensetzen müssen. So macht es der menschliche Körper mit dem Eiweiß. Er muß das Eiweiß in sich hineinbekommen, er zerlegt es ganz. Das Eiweiß besteht nämlich aus Kohlenstoff, Stickstoff, Sauerstoff, Wasserstoff und Schwefel; das sind die wichtigsten Bestandteile vom Eiweiß. Das Eiweiß wird nun ganz zerlegt; so daß der Mensch in sich nun nicht Eiweiß hat, wenn die Geschichte in die Gedärme kommt, sondern Kohlenstoff, Stickstoff, Sauerstoff, Wasserstoff und Schwefel.[47] Sehen Sie, jetzt hat der Mensch das Eiweiß zerlegt, wie man eine Uhr zerlegt. Sie werden sagen: Ja, aber wenn man einmal eine Uhr zerlegt, so kann man sich das ja merken, um weitere Uhren zu machen; und man braucht ja nur ein einziges Mal Eiweiß essen, und kann dann immer wieder Eiweiß machen. – Das ist aber nicht wahr, weil der Mensch ein Gedächtnis hat als ganzer Mensch; aber der Körper als solcher, hat nicht ein solches Gedächtnis, daß er sich etwas merken kann, sondern der Körper verwendet die Kräfte zum Aufbauen. Also wir müssen immer wieder von neuem Eiweiß essen, damit wir das Eiweiß herstellen können.

Nun ist es so, daß der Mensch etwas sehr, sehr Kompliziertes macht, wenn er selber sich sein Eiweiß fabriziert. Nämlich er zerlegt zuerst das Eiweiß, das er ißt; dadurch bekommt er den Kohlenstoff überall in seinen Körper hinein. Nun wissen Sie: den

Sauerstoff ziehen wir aber auch aus der Luft heran. Der vereinigt sich mit dem Kohlenstoff, den wir in uns haben. Diesen Kohlenstoff haben wir im Eiweiß und in den anderen Nahrungsmitteln. Da atmen wir zunächst Kohlenstoff in der Kohlensäure wieder aus. Aber einen Teil behalten wir zurück. Jetzt haben wir in unserem Körper Kohlenstoff und Sauerstoff miteinander drinnen; so daß wir nicht den Sauerstoff beibehalten, den wir gegessen haben mit dem Eiweiß, sondern wir vereinigen mit dem Kohlenstoff den Sauerstoff, den wir eingeatmet haben. Wir bauen also unser Eiweiß in unserem Inneren nicht so auf, wie es sich die Materialisten vorstellen: daß wir recht viel Hühnerei essen, das verteilt sich im ganzen Körper, und nachher haben wir das Hühnerei, das wir gegessen haben, im ganzen Körper ausgebreitet. Das ist nicht wahr. Wir sind schon bewahrt durch die Organisation unseres Körpers, daß, wenn wir Hühnerei essen, wir alle verrückte Hühner würden. Nicht wahr, wir werden nicht alle verrückte Hühner, weil wir schon in den Gedärmen das Eiweiß vernichten. Statt des Sauerstoffes, den es gehabt hat, nehmen wir den Sauerstoff aus der Luft. Den hat man jetzt da. Sehen Sie, mit dem Sauerstoff atmen wir, weil in der Luft immer auch Stickstoff ist, den Stickstoff ein. Und auch den Stickstoff verwenden wir nicht, den wir mit dem Hühnerei essen, sondern wiederum den Stickstoff, den wir aus der Luft einatmen. Den Wasserstoff, den wir mit dem Hühnerei essen, den verwenden wir schon gar nicht, sondern jenen Wasserstoff, den wir durch die Nase bekommen, und durch die Ohren, gerade durch die Sinne; das machen wir zu unserem eigenen Eiweiß. Und Schwefel – den bekommen wir fortwährend aus der Luft. Also Wasserstoff und Schwefel bekommen wir auch aus der Luft. Von dem Eiweiß, das wir essen, behalten wir überhaupt nur den Kohlenstoff. Das andere verwenden wir so, daß wir das nehmen, was wir aus der Luft bekommen.

Also sehen Sie, so ist es mit dem Eiweiß. Und in einer ganz ähnlichen Weise ist es auch so mit dem Fett. Unser eigenes Eiweiß machen wir uns selber, wir verwenden nur den Kohlenstoff vom fremden Eiweiß; und unser eigenes Fett machen wir uns auch selber. Wir verwenden auch dazu im Grunde genommen nur sehr wenig von dem Stickstoff, den wir aufnehmen durch die Nahrung, für die Fette. Also die Sache ist so, daß wir Eiweiß und Fett auf eigene Weise erzeugen. Nur dasjenige, was wir in den Kartoffeln, Hülsenfrüchten, Körnerfrüchten aufnehmen, das geht in den Körper über, und zwar dasjenige, was wir mit den Körnerfrüchten und mit den Kartoffeln aufnehmen, nicht vollständig, man möchte sagen, nur bis zu den unteren Partien des Kopfes. Was wir aufnehmen mit den Salzen, das geht in den ganzen Kopf über, und daraus bilden wir uns dann das, was wir für unsere Knochen brauchen.

Sehen Sie, meine Herren, deshalb, weil das so ist, müssen wir dafür sorgen, daß wir namentlich gesundes Pflanzeneiweiß in unseren Körper hineinbringen! Gesundes Pflanzeneiweiß, das ist dasjenige, wovon unser Körper sehr viel hat. Wenn wir Hühnereiweiß in unseren Körper hineinbringen, kann unser Körper schon ziemlich faul sein, ein träger, fauler Körper sein: er wird es leicht zerstören können, weil das leicht zerstört ist. Das Pflanzeneiweiß, also dasjenige Eiweiß, das wir mit den Früchten der Pflanzen kriegen – in den Pflanzen ist es hauptsächlich drinnen, wie ich Ihnen vorgestern sagte –, das ist für uns ganz besonders wertvoll. Daher ist es für einen Menschen, der sich gesund halten will, wirklich notwendig, daß er in gekochtem oder rohem Zustande Früchte zu seiner Nahrung hinzu hat. Früchte muß er haben. Wenn ein Mensch ganz vermeidet, Früchte zu essen, so ist das so, daß er eigentlich nach und nach übergeht zu einer ganz trägen inneren Verdauung seines Körpers.

Nun sehen Sie, da handelt es sich aber auch darum, daß wir die Pflanzen selber in der richtigen Weise ernähren! Da müssen Sie bedenken, wenn wir die Pflanzen in der richtigen Weise ernähren wollen, daß die Pflanzen etwas Lebendes sind. Die Pflanzen sind keine Mineralien, die Pflanzen sind etwas Lebendes. Und wenn wir eine Pflanze bekommen, so bekommen wir sie ja aus dem Samen, der in den Boden hineingegeben wird. Die Pflanze kann nicht ordentlich gedeihen, wenn sie nicht den Boden selber ein bißchen lebendig kriegt. Und wie macht man ihn lebendig? Man macht den Boden lebendig, indem man ihn ordentlich düngt. Also das ordentliche Düngen, das ist dasjenige, was uns wirklich richtiges Pflanzeneiweiß liefert.[48]

Und da wiederum müssen Sie folgendes bedenken. Sehen Sie, durch lange, lange Zeiten hindurch haben die Menschen gewußt: Richtiger Dünger ist der, der aus den Ställen kommt, aus dem Kuhstall und so weiter, richtiger Dünger ist der, der aus der Wirtschaft selber heraus kommt. Aber in der neueren Zeit, wo alles materialistisch geworden ist, haben die Leute gesagt: Ja, man kann ja die Sache so machen, daß man nachschaut, welche Stoffe in dem Dünger drinnen sind, und dann nehmen wir das aus dem Mineralreich – den mineralischen Dünger.

Ja, sehen Sie, meine Herren, wenn man mineralischen Dünger verwendet, so ist das gerade so, wie wenn man bloß Salze in den Boden bringt; da wird bloß die Wurzel kräftig. Da kriegen wir dann also aus der Pflanze bloß dasjenige heraus, was in den menschlichen Knochenbau geht. Wir kriegen aber aus der Pflanze nicht ein richtiges Eiweiß heraus. Daher leiden die Pflanzen, unsere Feldfrüchte, seit einiger Zeit alle an einem Eiweißmangel. Und der wird immer größer und größer werden, wenn die Leute nicht wiederum zu ordentlichem Düngen kommen.

Sehen Sie, es haben schon Versammlungen von Landwirten

stattgefunden, da haben die Landwirte gesagt – aber sie wußten natürlich nicht, aus welchen Gründen –: Ja, die Früchte, die werden immer schlechter und schlechter! – Und wahr ist es. Wer alt geworden ist, der weiß, daß, als er noch ein junger Kerl war, eigentlich alles besser war, was die Felder hervorgebracht haben. Man kann eben nicht so denken, daß man einfach den Dünger zusammensetzt aus den Stoffen, aus denen der Kuhmist besteht, sondern man muß sich klar sein: Dadurch, daß der Kuhmist nicht aus dem Laboratorium vom Chemiker kommt, sondern aus dem viel, viel wissenschaftlicheren Laboratorium, das in der Kuh drinnen ist – das ist ein viel wissenschaftlicheres Laboratorium – dadurch kommt es, daß der Kuhdünger eben doch dasjenige ist, was nicht bloß die Wurzeln der Pflanzen stark macht, sondern bis in die Früchte hinauf stark wirkt, dadurch ordentliches Eiweiß in den Pflanzen erzeugt und der Mensch davon ganz kräftig wird.

Wenn man nur immer düngen würde mit mineralischem Dünger, wie man es in der neueren Zeit liebt, oder gar mit Stickstoff, der aus der Luft erzeugt wurde – ja, meine Herren, da werden schon Ihre Kinder, und noch mehr Ihre Kindeskinder ganz bleiche Gesichter haben. Sie werden die Gesichter nicht mehr von den Händen, wenn sie weiß sind, unterscheiden können. Daß der Mensch eine lebhafte Farbe haben kann, eine gesunde Farbe haben kann, hängt eben davon ab, daß die Äcker ordentlich gedüngt werden.

Also Sie sehen, man muß berücksichtigen, wenn man über die Ernährung spricht, wie man überhaupt die Nahrungsmittel gewinnt. Das ist außerordentlich wichtig. Daß der menschliche Körper die Notwendigkeit hat, selber zu begehren dasjenige, was er braucht, das können Sie aus verschiedenen Umständen sehen. Nehmen Sie zum Beispiel nur den Umstand, daß Gefangene, die verurteilt werden zu jahrelanger Strafe – die bekommen gewöhnlich Nahrung, die nicht fettreich genug ist – eine ungeheure Gier nach Fett bekommen, und wenn da irgendwie von einem Licht, das der Gefängniswärter in die Zelle hineinträgt, etwas heruntertropft und auf dem Boden ist, dann bücken sie sich gleich und lecken dieses Fett auf aus dem Grunde, weil der Körper das so ungeheuer stark spürt, wenn er irgendein Nahrungsmittel, das er braucht, eigentlich stark vermißt. Das kommt nicht zum Ausdruck, wenn man immerfort, Tag für Tag ordentlich essen kann. Da kommt es nie dazu, weil der Körper das nicht entbehrt, was er braucht. Aber wenn etwas dauernd durch Wochen hindurch fehlt in der Nahrung, dann wird der Körper außerordentlich gierig danach. Das ist dasjenige, was im besonderen noch hinzugefügt werden muß.

Nun habe ich Ihnen schon gesagt, daß mit solchem Düngen viel anderes noch zusammenhängt. Sehen Sie, unsere Vorfahren in Europa im 12., 13. Jahrhundert oder noch früher, ja, die haben sich durch manches unterschieden von uns. Das berücksichtigt man gewöhnlich gar nicht! Und unter alledem, wodurch sie sich von uns unterschieden haben, war das, daß sie keine Kartoffeln zu essen bekommen haben. Die Kartoffeln sind erst später eingeführt worden. Die Kartoffelnahrung hat aber einen starken Einfluß ausgeübt auf den Menschen. Sehen Sie, ißt man Körnerfrüchte, so werden dadurch insbesondere Lunge und Herz stark. Das verstärkt Lunge und Herz. Der Mensch wird so, daß er einen gesunden Brustkorb hat, und es geht ihm gut. Er ist nicht so erpicht aufs Denken, als wie aufs Atmen zum Beispiel; er kann auch etwas vertragen beim Atmen. Und da möchte ich Ihnen gleich sagen: Sie müssen sich nicht vorstellen, daß derjenige kräftig ist beim Atmen, der immer die Fenster aufmachen muß, der immer schreit: Oh, frische Luft! – und so weiter, sondern derjenige ist kräftig im Atmen, der schließlich so stark organisiert ist, daß er jede Luft verträgt. Wie es überhaupt darauf ankommt, daß abgehärtet nicht derjenige ist, der nichts vertragen kann, sondern derjenige, der etwas vertragen kann.

In unserer Zeit redet man viel von Abhärtung. Denken Sie nur, wie man die Kinder abhärtet. Jetzt schon werden die Kinder – namentlich von reichen Leuten, aber die anderen kommen auch schon und machen es nach –, jetzt werden die Kinder so angezogen: Während wir in unserer Jugend als Kinder ordentliche Strümpfe angehabt haben und ganz bedeckt waren, höchstens daß man bloßfüßig gegangen ist, ist es jetzt so, daß die Anzüge nur bis an die Knie höchstens gehen, oder noch weniger weit. Wenn die Leute wüßten, daß das die größte Gefahr bildet für spätere Blinddarmentzündungen, so würden sie sich besinnen! Aber die Mode, die wirkt ja so tyrannisch, daß solch eine Gesinnung gar nicht aufkommt. Jetzt werden die Kinder so angezogen, daß die Kleidchen nur bis an die Knie oder noch weniger weit gehen, und es wird noch dazu kommen, daß sie später bloß bis an den Bauch gehen werden; das wird auch noch Mode werden. Also da wirkt die Mode außerordentlich stark ein.

Aber dasjenige, worauf es eigentlich ankommt, das merken eben die Leute gar nicht. Es kommt eben durchaus darauf an, daß der Mensch in seiner ganzen Organisation so sich einstellt, daß er nun eben wirklich innerlich alles verarbeiten kann, was er als Nahrungsmittel in sich aufnimmt. Und da meine ich, ist es ganz besonders wichtig, daß man weiß: Der Mensch wird stark, wenn er die Dinge ordentlich verarbeitet, die er in sich aufnimmt. Und er wird nicht abgehärtet dadurch, daß man das macht mit den Kindern, was ich Ihnen erzählt habe. Da werden die Kinder so abgehärtet, daß wenn sie später – schauen Sie sie einmal an – über einen erhitzten Platz gehen sollen, da triefen sie, da können sie nicht weiter. Nicht der ist abgehärtet, der dazu kommt, nichts vertragen zu können, sondern der ist abgehärtet, der alles mögliche vertragen kann. Also, so ist es auch, daß die Leute früher wenig abgehärtet waren; sie hatten eben gesunde Lungen, gesundes Herz und so weiter.

Nun kam die Kartoffelnahrung. Die Kartoffel versorgt weniger Herz und Lunge, die Kartoffel geht in den Kopf hinauf – allerdings, wie ich Ihnen gesagt habe, nur in den Unterkopf, nicht in den Oberkopf –, aber sie geht in den Unterkopf hinein, wo man besonders kritisch wird, denkt. Daher, sehen Sie, hat es in früheren Zeiten weniger Zeitungsschreiber gegeben. Die Buchdruckerkunst war ja noch nicht da. Bedenken Sie nur, was heute täglich gedacht wird auf der Welt, nur um die Zeitungen zustande zu bringen! Ja, dieses viele Denken, das ja gar nicht notwendig ist – es ist viel zu viel –, dieses viele Denken, das verdanken wir der Kartoffelnahrung! Denn der Mensch, der Kartoffeln ißt, der fühlt sich fortwährend angeregt zu denken. Der kann gar nicht anders, als denken. Dadurch wird seine Lunge und sein Herz schwach, und die Tuberkulose, die Lungentuberkulose, die nahm erst überhand, als die Kartoffelnahrung eingeführt wurde! Und die schwächsten Leute sind diejenigen in Gegenden, wo fast nichts mehr gebaut wird als Kartoffeln und die Leute von Kartoffeln leben.

Gerade die Geisteswissenschaft – ich habe Ihnen das öfter gesagt – hat Gelegenheit, dieses Materielle kennenzulernen. Die materialistische Wissenschaft weiß nichts von der Ernährung, weiß nicht, was dem Menschen gesund ist. Das ist gerade das Eigentümliche vom Materialismus, daß er nur immer denkt, denkt, denkt, und nichts weiß! Es kommt darauf an: Wenn man eben im Leben richtig stehen will, muß man durchaus etwas wissen. Sehen Sie, das sind so Dinge, die ich Ihnen wegen der Ernährung sagen wollte.

Vom Pflanzenwachstum

Dornach, 31. Oktober 1923

Die Gesundheitsverhältnisse der Menschen hängen ganz vom Pflanzenwachstum ab, und deshalb muß man kennen, was da im Pflanzenwachstum eigentlich alles mitwirkt.

Gerade das mit der Kinderlähmung hat mich ungeheuer stark beschäftigt, und es ist dabei herausgekommen, daß man eigentlich den ganzen Menschen behandeln muß. Es haben sich auch schon Anhaltspunkte für allerlei Heilmittel gerade für die Kinderlähmung ergeben. Dieses ist wahrscheinlich von einer großen Wichtigkeit, weil die Kinderlähmung in der Zukunft eine wirklich schmerzliche Rolle spielen könnte. Es ist natürlich eine Frage, die einen tief beschäftigt, und ich habe mich gerade damit beschäftigt. Es wird wahrscheinlich ein Arzneimittel hergestellt werden müssen, das da besteht aus Sodabädern, arseniksaurem Eisen und aus einer besonderen Substanz noch, die genommen wird aus dem Kleinhirn, aus dem hinteren Teil des Hirnes bei den Tieren. Also es wird ein sehr kompliziertes Heilmittel geben müssen gerade bei einer solchen Kinderlähmung. Sehen Sie, hier handelt es sich bei einer solchen Krankheit, die aus sehr verborgenen Ursachen kommt, darum, daß sie auch gerade kompliziert wieder wird geheilt werden müssen. Die Dinge sind eigentlich heute durchaus aktuell, und es ist gut, wenn Sie sich klarmachen, wie das ganze Pflanzenwachstum vor sich geht.

Da wächst also die Pflanze aus dem Erdboden heraus. Ich will es heute so darstellen, wie es gerade der Frage entspricht, die der Herr Dollinger gestellt hat[49] (siehe Zeichnung). Nun wächst

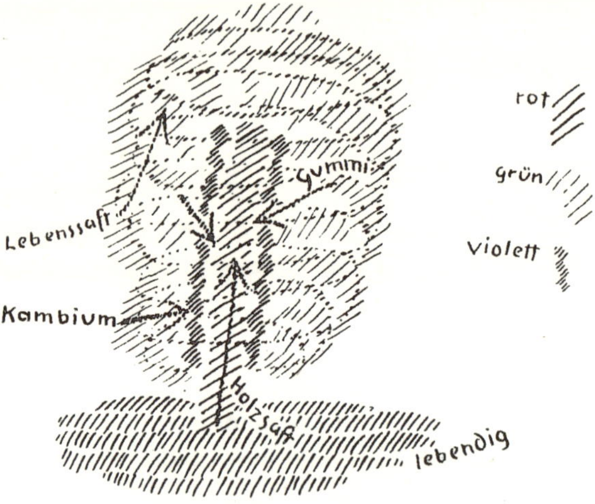

aus dem Keime die Wurzel heraus. Nehmen wir zunächst einen Baum; wir können dann zu der gewöhnlichen Pflanze übergehen. Wenn wir einen Baum nehmen, so wächst da der Stamm heraus. Ja, meine Herren, sehen Sie, schon dieses Wachsen des Stammes ist etwas außerordentlich Merkwürdiges. Dieser Stamm, der da wächst, der ist eigentlich nur dadurch gebildet, daß er Saft von der Erde nach oben gehen läßt, und dieser Saft, der aufsteigt – also das, was ich hier rot gezeichnet habe –, dieser aufsteigende Saft, der reißt mit sich alle möglichen Salze und Bestandteile der Erde; dadurch ist der Stamm überhaupt fest. Wenn Sie also Holz anschauen aus dem Stamm eines Baumes, so haben Sie einen aufsteigenden Saft, und dieser Saft reißt dann die festen Staubteile der Erde mit, allerlei Salze, also sagen wir kohlensaures Natrium, Eisensalzbestandteile in den Pflanzen. Alles das wird nun da mitgerissen, und dadurch ist das Holz in sich fest. Nun, das Wesentliche ist, daß da der Saft aufsteigt.

Was geschieht denn da eigentlich? Sehen Sie, da kommt, wenn da das aufsteigt, das Feste, das Erdige, zum Flüssigen, und wir haben da aufsteigend Erdig-Flüssiges. Erdig-Flüssiges steigt da auf, es ist solch ein dicklicher, erdig-flüssiger Stoff. Das Flüssige verdunstet dann, und das Erdige bleibt zurück. Das, was da erdig zurückbleibt, das ist das Holz. Wenn der Saft nun da hinaufsteigt, so entsteht er nicht etwa da (es wird auf die Zeichnung hingewiesen), sondern dieser Saft, der da im Holz aufsteigt – nennen wir ihn Holzsaft –, der ist eigentlich in der ganzen Erde enthalten, so daß die Erde in dieser Beziehung ein einziges großes Lebewesen ist. Dieser Holzsaft, der im Baum nach aufwärts steigt, der ist im Grunde, wie gesagt, in der ganzen Erde vorhanden; nur, in der Erde ist dieser Saft eigentlich etwas ganz Besonderes. Er wird erst zu dem, was er im Baume darstellt, er wird erst dazu im Baume. In der Erde ist er nämlich der eigentlich erdenbelebende Saft. Die Erde ist wirklich ein Lebewesen. Und das, was dann in den Baum hinaufsteigt, das ist in der ganzen Erde; durch das lebt die Erde. Im Baum, da verliert nämlich dieser Saft seine Lebensfähigkeit, er wird ein Chemiker, da hat er nur noch chemische Kräfte.

Wenn Sie also einen Baum anschauen, so müssen Sie sich sagen: Das Erdig-Flüssige im Baum, das ist chemisch geworden, und in der Erde selber drunten, da war es noch lebendig. Es ist also der Holzsaft zum Teil gestorben, indem er in den Baum hinaufging.

Wenn nichts anderes wäre, dann würde überhaupt niemals eine Pflanze entstehen, sondern es würden nur Stümpfe entstehen, die nach oben absterben und in denen chemische Vorgänge sich abspielen. Aber da kommt ja das, was sich aus dem Holzsaft bildet, der Stamm, in die Luft heraus – und die Luft ist immer von Feuchtigkeit durchsetzt –, er kommt in die feuchte Luft heraus, in das Feuchte, in das Wäßrig-Luftige. Der Holzsaft – mit dem, was er erzeugt – kommt also aus dem Erdig-Flüssigen in das Flüssig-Luftige. Und im Flüssig-Luftigen, da bildet sich wiederum das Leben neu, so daß sich der Stamm ringsherum besetzt mit dem, was dann im grünen Laub lebt (es wird gezeichnet) und zuletzt in der Blüte und in allem, was da draußen ist. Das wird wiederum zum Leben erweckt. Im Laub, im Blatt, in der Blüte und in der Knospe, da lebt wiederum Lebenssaft; der Holzsaft ist abgestorbener Lebenssaft. Im Stamm stirbt fortwährend das Leben ab, im Blatte macht es sich neu. So daß wir sagen müssen: Wir haben Holzsaft, der steigt nach oben; dann haben wir Lebenssaft. – Was tut denn der? Sehen Sie, der Lebenssaft der kreist da herum und erzeugt überall die Blätter. Daher können Sie auch solche Spiralen, in denen die Blätter angeordnet sind, beobachten. Der Lebenssaft, der kreist also eigentlich herum. Und der rührt aus dem Flüssig-Luftigen her, in das die Pflanze kommt, wenn sie aus dem Erdig-Flüssigen herausgewachsen ist.

Sehen Sie, meine Herren, daß der Stamm, der Holzstamm tot ist und nur das da hier bei der Pflanze lebt, was sich ringsherum ansetzt, das können Sie auf eine sehr einfache Weise beweisen, nämlich folgendermaßen: Denken Sie einmal, Sie gehen an einen Baum heran, haben da den Holzstamm, dann haben Sie da die Rinde, und in der Rinde drinnen, da wachsen nun die Blätter darinnen (es wird gezeichnet). Jetzt gehe ich her und schneide die Rinde weg – dadurch kommt das Blatt auch weg –, hier lasse ich aber die Blätter daran mit der Rinde. Und die Geschichte stellt sich so heraus, daß hier der Baum lebendig, frisch bleibt, und daß er da anfängt, abzusterben. Das Holz allein mit seinem Holzsaft kann den Baum nicht lebendig erhalten. Da muß von außen einfließen dasjenige, was mit den Blättern kommt; das enthält wieder das Leben. Wir sehen auf diese Weise: Die Erde kann zwar den Baum heraustreiben, aber sie müßte ihn sterben lassen, wenn er nicht von außen, von der feuchten Luft das Leben gekriegt hätte; denn im Baum drinnen ist der Holzsaft nur ein Chemiker, kein Lebenserreger. Das Leben, das herumkreist, das macht sein Leben aus. Und man kann eigentlich sagen: Wenn der Holzsaft im Frühling aufsteigt, so wird in der Erde der Baum neu. Wenn dann im Frühling der Lebenssaft wieder neu herumkreist, wird der Baum jedes Jahr neu lebendig. Die Erde wirkt auf den Holzsaft, das Erdig-Flüssige; das Flüssig-Luftige wirkt auf den Lebenssaft.

Das ist aber noch nicht zu Ende, sondern jetzt, während das geschieht, bildet sich zwischen der Rinde, die noch vom Lebenssaft durchzogen ist, und dem Holz eine neue Pflanzenschicht; da kann ich gar nicht mehr sagen, daß sich da ein Saft bildet. Hier habe ich gesagt: Holzsaft, Lebenssaft; aber hier kann ich nicht mehr sagen, daß sich ein Saft bildet, weil das, was sich da bildet, ganz dicklich ist. Es heißt das Kambium. Das bildet sich darinnen zwischen der Rinde, die noch zu den Blättern gehört, und dem Holz. Wenn ich also das da hier wegschneide (es wird gezeichnet), so bildet sich da drinnen kein Kambium. Aber das Kambium, das braucht die Pflanze auch in einer gewissen Weise. Der Holzsaft bildet sich im Erdig-Flüssigen, der Lebenssaft bildet sich im Flüssig-Luftförmigen, und das Kambium bildet sich in der warmen Luft, im Warmig-Luftigen oder im Luftig-Warmen. Die Pflanze entwickelt Wärme, indem sie von außen das Leben empfängt. Diese Wärme schickt sie in ihr eigenes Inneres, und aus dieser Wärme bildet sich da drinnen das Kambium. Oder, wenn sich noch nicht Kambium bildet – das Kambium braucht die Pflanze, Sie werden gleich noch hören wozu –, aber bevor das Kambium sich bildet, bildet sich schon etwas Dickliches: das ist der innere Pflanzengummi. In ihrer Wärme bilden die Pflanzen nach innen auch den Pflanzengummi, der unter Umständen ein wichtiges Heilmittel ist. Also der Holzsaft reißt die Pflanze nach aufwärts, die Blätter beleben die Pflanze; dann aber bilden wiederum die Blätter, indem sie die Wärme erregen, den Gummistoff, der wiederum zurück auf das Kambium wirkt. Und bei alten Pflanzen, bei ganz alten Pflanzen hat sich dieser Gummi, indem er zur Erde heruntergegangen ist, durchsichtig gemacht. Als die Erde noch weniger fest war, noch feucht-flüssig war, hat er sich durchsichtig gemacht, und da ist er zum Bernstein geworden. Also Sie sehen, wenn Sie ein Stück Bernstein nehmen, so ist das dasjenige, was bei einer uralten Pflanze der Erde aus dem Blatt wie Blut herausgeronnen ist, zur Erde herunter: Harz, Pech. Das alles fließt wieder nach unten, das gibt die Pflanze wieder der Erde zurück: Pech, Harz, Bernstein. Und wenn es die Pflanze selber behält, wird es eben das Kambium. Durch den Holzsaft steht die Pflanze mit der Erde in Verbindung; der Lebenssaft bringt die Pflanze in Verbindung mit dem, was um die Erde herumkreist, mit dem luftig-feuchtigen Umkreis der Erde. Aber das Kambium, das bringt die Pflanze in Verbindung mit den Sternen, mit dem, was oben ist. Und da ist es nun so, daß in diesem Kambium drinnen schon die Gestalt der nächsten Pflanze entsteht. Das geht dann auf den Samen über und dadurch wird die nächste Pflanze geboren; so daß die Sterne auf dem Umwege durch das Kambium die nächste Pflanze erzeugen. Also die Pflanze wird nicht aus dem Samen bloß erzeugt – das heißt, sie wird natürlich schon aus dem Samen erzeugt, aber der Samen muß zunächst die Einwirkung vom Kambium, das heißt, die Einwirkung vom ganzen Himmel haben.

Sehen Sie, das ist schon etwas Wunderbares: Wenn man einen Pflanzensamen in die Hand bekommt, so hat dieses anspruchslose, bescheidene kleine Staubkörnchen Samen nur dadurch entstehen können, daß das Kambium – jetzt nicht im Flüssigen, sondern in etwas Dicklichem – die ganze Pflanze nachmacht.[50] Und diese Gestalt, die da drinnen im Kambium entsteht – eine neue Pflanzengestalt –, die überträgt die Kraft auf den Samen, und davon hat der Samen dann die Kraft, wiederum eine neue Pflanze unter der Einwirkung der Erde nach aufwärts wachsen zu lassen.

Also Sie sehen, meine Herren, mit dem bloßen Spekulieren, wenn man einfach das Samenkorn unter das Mikroskop legt, kommt nichts heraus. Da muß man sich klar sein darüber, wie das Ganze zusammenhängt mit dem Holzsaft, Lebenssaft und Kambium. Daher ist auch der Holzsaft ein verhältnismäßig dünnlicher Saft; er ist eigentlich darauf berechnet, daß in ihm leicht chemische Wirkungen sich bilden können. Der Lebenssaft der Pflanze, der ist schon viel mehr dicklich, er sondert ja auch den Gummi ab. Wenn Sie den Gummi ein bißchen dick machen, können Sie wunderbare Figuren daraus machen. Der Lebenssaft also, der hat schon etwas Dicklicheres gegenüber dem Holzsaft, der schmiegt sich schon mehr der Pflanzenform an. Und dann gibt er die ganze Form an das Kambium ab. Das ist noch dicklicher, schon ganz zäh, ist nur noch so weich, daß es die Formen annehmen kann, die ihm von den Sternen gegeben werden.

So ist es beim Baum, so aber auch bei der gewöhnlichen Pflanze. Wenn da die Erde ist und man da das Würzelchen hat, so wächst der Sproß nach oben; aber jetzt setzt es nicht gleich die festen Stoffe ab, es wird nicht zum Holz – es bleibt so wie eben ein Krautstengel ist –, das kommt nicht so weit; dann bilden sich gleich die Blätter daran im Umkreis, spiralig, und dann bildet sich auch da im Inneren gleich das Kambium aus, und das Kambium nimmt wiederum alles zur Erde mit zurück. So daß bei der einjährigen Pflanze der Prozeß, der ganze Vorgang viel schneller vor sich geht. Beim Baume, da sondern sich nur die festen Bestandteile ab, und es wird nicht gleich alles verwendet. Aber derselbe Vorgang findet auch bei der ganz gewöhnlichen Pflanze statt, nur kommt es nicht so weit wie beim Baume. Beim Baume ist es überhaupt ein ziemlich komplizierter Vorgang. Wenn Sie den Stamm von oben anschauen, haben Sie das so, daß zunächst das Mark darinnen ist – das ist also etwas, was die Richtung angibt; dann bildet sich um das Mark herum das, was Holzablagerungen sind. Geht es jetzt gegen den Herbst zu, da kommt der Gummi von der anderen Seite, und der klebt das Holz zusammen. Jetzt haben wir von einem Jahr das gummierte Holz. Im nächsten Jahr geschieht mit dem, was da aufsteigt, wiederum dasselbe, es muß jetzt nur mehr an einen anderen Ort gehen, wird wiederum zusammengummiert im Herbst, und dadurch, daß immer weiter zusammengummiert wird, entstehen die Jahresringe. Also Sie sehen, alle die Dinge werden sehr erklärlich, wenn man nur innerlich die Vorgänge richtig verstehen kann, wenn man nur weiß, daß da dreierlei Stoffe vorhanden sind: Holzsaft, Lebenssaft und Kambium. Der Holzsaft ist am flüssigsten, der ist also eigentlich ein Chemiker. Der Lebenssaft, der belebt; der ist also eigentlich, wenn ich mich so ausdrücken darf, ein Lebendiger. Und dasjenige, was im Kambium geschieht – ja, da wird eigentlich aus den Sternen heraus die ganze Pflanze gezeichnet. Es ist wirklich so, meine Herren! Da geht der Holzsaft aufwärts, stirbt ab; da entsteht wieder das Leben, und jetzt kommt die Sternenwirkung: da entsteht das, daß aus dem Kambium, das schon zäh, dicklich geworden ist, aus dem Sterneneinflusse die neue Pflanze gezeichnet wird. So daß man im Kambium richtig eine Zeichnung, eine Bildhauerarbeit der neuen Pflanze hat; das wird da hinein gebildhauert. Da wird von den Sternen hineinmodelliert aus dem ganzen Weltenraum dasjenige, was dann die ganze Pflanzenform ist. Da, sehen Sie, kommen wir aus dem Leben in den Geist hinein. Denn was da modelliert wird, das wird aus dem Weltengeist heraus modelliert. Das ist sehr interessant, meine Herren: Die Erde gibt ihr

Leben zunächst an die Pflanze ab, die Pflanze stirbt, die Luftumgebung gibt der Pflanze mit ihrem Licht zusammen wiederum das Leben, und der Weltengeist gibt die neue Pflanzenform herein. Die bewahrt sich dann im Samen und wächst dann wieder auf die gleiche Weise. So daß man also in der aufsteigenden Pflanze einen Weg sieht, wie aus der Erde heraus durch den Tod zum lebendigen Geist die ganze Pflanzenwelt sich aufbaut.

Holzsaft : Erde : Chemisches
Lebenssaft : Umkreis der Erde : Lebendiges
Kambium : Sterne : Geist

Nun werden in Stuttgart noch andere Versuche gemacht. Diese Dinge hier sind außerordentlich lehrreich. Statt daß man bloß das Wachstum untersucht – was also schon wichtig ist, besonders wenn man in die höheren Verdünnungen hinaufkommt von eins zu einer Trillion, was also schon sehr interessant ist –, kann man nämlich noch folgendes machen. Man nimmt ganz verdünnte, auf die beschriebene Weise verdünnte Metalle oder Metallverbindungen, sagen wir zum Beispiel man nimmt Kupferiges, ganz verdünnt, so daß man es in einer Lösung hat. Jetzt gibt man das in einen Blumentopf. Da ist Erde drinnen. In diese Erde gibt man gewissermaßen als eine Art Dünger das Kupfer hinein. Daneben stellt man einen Topf auf, der bloße Erde hat, dieselbe Erde, die aber nicht durch das Kupfer gedüngt ist. Es muß dieselbe Erde sein, aber sie hat nicht das Kupfer. Nun nimmt man wiederum ganz dieselben Pflanzen – die Pflanzen müssen möglichst gleich weit im Wachstum sein –, setzt die eine Pflanze hinein in die mit Kupfer also gewissermaßen gedüngte Erde, und die andere Pflanze setzt man in die Erde hinein, in der keine Kupferdüngung enthalten ist. Und das Merkwürdige stellt sich heraus, gerade wenn man das Kupfer recht stark verdünnt hat, daß die Blätter hier am Rande Runzeln[51] kriegen – die anderen kriegen keine Runzeln, wenn sie glatte Blätter haben, nicht schon von vornherein Runzeln haben. Deshalb muß man dieselbe Erde nehmen, weil viele Erden ja schon von früher das Kupfer enthalten. Man muß dieselbe Erde nehmen – das eine Mal verkupfert man sie – und man muß die gleiche Pflanze nehmen, damit man das genau vergleichen kann.

Nun nimmt man eine dritte Pflanze, gibt in ein drittes Gefäß wiederum dieselbe Erde hinein, gibt ihr aber jetzt statt Kupfer Blei hinein. Da fällt es den Blättern gar nicht ein, sich zu runzeln, sondern sie werden in der Spitze dürr und blättern ab, werden also welk am Ende und blättern ab, wenn man Blei hineintut. Jetzt haben Sie auf einmal ein ganz merkwürdiges Bild. Diese Untersuchungen werden in Stuttgart gemacht, und sie sehen sehr schön aus, diese Dinge, wenn man da hintereinander alle die Blumentöpfe stehen hat und nun sieht, wie die Stoffe der Erde auf die Pflanzen wirken.

Sie werden sich künftighin nun nicht mehr verwundern, wenn Sie irgendwo Pflanzenformen sehen mit runzeligen Blättern. Wenn man da in die Erde hineingräbt, so werden Sie Spuren von Kupfer finden. Oder wenn Sie Blätter haben, die am Rande leicht runzeln und dürr werden, und Sie graben dann in die Erde hinein, so werden Sie leicht Spuren von Blei finden. Sehen Sie zum Beispiel hin auf die bekannte Pflanze, die man Zinnkraut nennt, mit der man die Töpfe scheuert. Diese Pflanze wächst wiederum gerade an solchen Orten, wo der Boden Silizium enthält; daher bekommen sie diese steifen kieseligen Stengel. So können Sie aus dem Boden heraus die Pflanzenformen verstehen.

Nun können Sie aber auch verstehen, was es für eine Bedeutung hat, wenn ganz kleine Mengen von irgendeiner Substanz dem Grund und Boden beigemischt werden. Natürlich ist der Kirchhof[52] irgendwo draußen, aber die Erde ist ja überall ganz durchzogen vom Holzsaft, und die kleinen Mengen gehen überall gerade in den Boden über. Und wenn man einmal die Versuche gemacht hat, wie diese kleinen Mengen wirken, von denen ich Ihnen jetzt erzählt habe, dann sagt man sich: Ja, dasjenige, was gerade in kleinen Mengen in den Boden hinein verflüchtigt war, das essen wir ja mit! Es ist so stark, daß es in der Pflanzenform lebt. Und was geschieht da weiter? Denken Sie sich, ich hätte also hier eine Pflanzenform gekriegt, die aus einem bleihaltigen Boden kommt. Heute, sagen die Leute, entsteht das Blei nicht. Aber im Boden entsteht eben Blei, wenn man gerade in den Boden hinein verwesendes Lebendiges bringt. Es entsteht eben einfach im Boden Blei. Da wächst nun die Pflanze heraus – wir können geradezu sagen: es wächst eine Blei-Pflanze heraus. – Nun schön. Wenn wir diese Pflanze, diese Blei-Pflanze essen, dann hat sie eine ganz andere Wirkung, als wenn Sie eine Pflanze essen, die keine Blei-Pflanze ist. Wenn wir eine Blei-Pflanze essen, so wirkt das so, daß unser Kleinhirn, das da hinten im Kopfe ist, trockener wird, als es sonst ist. Es wird trockener.

Jetzt haben Sie einen Zusammenhang zwischen dem Boden und dem Kleinhirn. Es kann also Pflanzen geben, die einfach durch die Beschaffenheit des Bodens, durch das, was man irgendwo in die Erde hineinbringt und was sich dann irgendwo verteilt, das Kleinhirn etwas austrocknen. Nun, meine Herren, in dem Augenblick, wo wir das Kleinhirn nicht in voller Kraft haben, werden wir ungeschickt. Wenn dem Kleinhirn irgend etwas passiert, werden wir ungeschickt, können die Füße und die Arme nicht mehr ordentlich bewegen; und wenn das dann etwas stärker wird, werden wir an den Gliedern gelähmt.

Sehen Sie, meine Herren, so ist der Weg von dem Boden zu der Menschenlähmung. Der Mensch ißt von einer Pflanze, und wenn diese an dem Rande der Blätter etwas Absterbendes hat, wenn sie so geworden ist, wie ich es Ihnen beschrieben habe, so wird jetzt sein Kleinhirn etwas vertrocknen. Im gewöhnlichen Leben merkt man es nicht gleich, aber der Mensch kann sich dann nicht mehr richtig orientieren; wird das stärker, so kommt die Lähmung. Nun ist es wiederum so, daß zuallererst, wenn man sich nicht orientieren kann, wenn dieses auftritt im Kopfe, nicht orientieren kann – was vom Vertrocknen des Kleinhirns ausgeht –, so ergreift das zunächst alle die Muskeln, die da oben im Kopfe von einer kleinen Drüse versorgt werden, von der sogenannten Zirbeldrüse, und namentlich die Sehpartien. Geschieht das, dann kriegt man bloß die Grippe. Geht die Lähmung weiter, so bildet sich die Grippe um zum ganzen gelähmten Menschen. So daß also in allen Lähmungserscheinungen etwas steckt, was mit dem Boden der Erde innig zusammenhängt. Und daraus sehen Sie, daß man wirklich von vielen Seiten her die Kenntnisse nehmen muß, damit man etwas Gesundendes für den Menschen zustande bringt. Es genügt wirklich nicht, daß man allerlei Redensarten macht, so und so soll es sein! Denn wenn man nicht weiß, wodurch die Menschen zuerst ihren Organismus abgestorben bekommen, dann kann man noch so gute Einrichtungen haben: die Menschen werden halt eben doch nicht mehr tüchtig sein. Denn alles dasjenige, was in der Pflanze wirkt und von der Pflanze in den Menschen übergeht, das ist ja auch im Menschen wiederum von einer großen Bedeutung.

Sehen Sie, der Holzsaft, der entspricht eigentlich im Menschen dem ganz gewöhnlichen farblosen Zellsaft, dem Schleim. Der Holzsaft in der Pflanze ist beim Menschen der Lebensschleim. Der Lebenssaft der Pflanze, der da von den Blättern herumkreist, der entspricht dem menschlichen Blute. Und das Kambium der Pflanze, das entspricht im Menschen der Milch und dem Milchsaft. Wenn die Frau zum Stillen kommt, entwickelt sie nur den Milchsaft durch gewisse Drüsen in der Brust stärker. Da haben Sie wiederum das, was am stärksten beim Menschen von den Sternen beeinflußt wird: der Milchsaft.[53] Dieser Milchsaft aber, der ist ganz besonders notwendig zur Bildung des Gehirns. Das Gehirn ist sozusagen eigentlich im Menschen verhärteter Milchsaft. Wenn man also solche Blätter hat, die absterben, dann erzeugen sie kein ordentliches Kambium, weil sie nicht mehr die Kraft haben, zurückzuwirken in der richtigen Wärme. Sie lassen die Wärme durch die absterbenden Teile nach außen wirken, nicht mehr richtig zurückwirken. Wir essen Pflanzen mit einem nicht ordentlich ausgebildeten Kambium: sie bilden in uns den Milchsaft nicht ordentlich aus; die Frauen bilden die Frauenmilch nicht ordentlich aus, die Kinder bekommen schon eine Milch, auf welche die Sterne nicht besonders stark wirken, die Kinder können sich nicht gut ausbilden. Daher tritt diese Lähmung natürlich auch besonders bei Kindern auf. Sie kann aber auch bei Großen auftreten, weil ja der Mensch das ganze Leben beeinflußt bleiben muß von der Sternenwelt, wie ich Ihnen schon auseinandergesetzt habe.

In diesen Dingen muß die Naturwissenschaft und die Heilmethode zusammenarbeiten. Das muß überall zusammenarbeiten. Aber man kann nicht in irgendeiner einzelnen Wissenschaft sich abschließen. Nicht wahr, heute gibt es überall Leute, die beschäftigen sich nur mit den Tieren; andere nur mit dem Menschen, das sind die Anthropologen. Dann wiederum andere mit einem Teil vom Menschen: mit kranken Sinnen, mit kranken Lebern, kranken Herzen; also auf Inneres spezialisieren sich diese Leute. Dann wieder studieren die Botaniker nur die Pflanzen, die Mineralogen die Steine, die Geologen das ganze Erdreich. Dadurch wird etwas sehr Bequemes geschaffen für die Wissenschaft. Man hat weniger zu lernen, wenn man bloß Geologe wird oder bloß von den Steinen zu lernen hat. Ja, aber solch ein Wissen nützt gar nichts! Es hat gar keinen Zweck, solch ein Wissen; wenn man mit dem Menschen etwas anfangen will, wenn er krank ist, so muß man die ganze Natur zusammennehmen. Es hat keinen Nutzen, solch eine bloße Geologie oder eine bloße Botanik oder eine bloße Chemie zu verstehen. Nicht wahr, die Chemie muß man verfolgen können bis hinein in das Arbeiten des Holzsaftes! Es ist wirklich so. Die Studenten haben einen Spruch ersonnen – es gibt ja an der Universität, wie Sie vielleicht wissen, ordentliche Professoren und außerordentliche Professoren –, und die Studenten haben da den Spruch ersonnen: Die ordentlichen Professoren wissen nichts Außerordentliches, und die außerordentlichen Professoren wissen nichts Ordentliches. – Aber das kann man heute viel weiter ausdehnen: Der Geologe weiß nichts von der Pflanze, vom Tier, vom Menschen; der Anthropologe weiß nichts vom Tier, von der Pflanze, von der Erde. Keiner weiß eigentlich, wie die Dinge zusammenhängen, mit denen er sich beschäftigt. Geradeso wie man sich in der Arbeit spezialisiert hat, verspezialisiert man sich im Wissen. Und da ist es viel schädlicher. Es ist haarsträubend, wenn es nur Geologen, nur Botaniker und so weiter gibt, denn dadurch wird das ganze Wissen zersplittert, und es kommt nichts Ordentliches zustande. Es ist dieses zur Bequemlichkeit der Menschen geschehen. Die Leute sagen heute schon: Man kann nicht ein Mensch sein, der alles weiß. – Ja, wenn man eben nicht ein Mensch sein will, der alles Wissen zusammennehmen kann, dann muß man eben auch gleich sagen: Man muß überhaupt verzichten auf ein nützliches Wissen.

Wir leben schon in einer Zeit, in der die Dinge im Grunde eine fürchterliche Gestalt angenommen haben. Es ist gerade so, wie wenn einer, der mit der Uhr zu tun hat, dazu bloß das Feilen von Metallen lernen will. Nicht wahr, dann muß eben natürlich das herauskommen, daß schließlich einer das Feilen der Metalle kennt, der andere das Schweißen der Metalle und so fort. Und dann käme wiederum einer, der das Zusammensetzen der Uhr kennt, aber wiederum nicht weiß, wie man die einzelnen Metalle bearbeitet. Nun, nicht wahr: beim Maschinellen, da geht es wiederum ein bißchen, obwohl es natürlich auch wiederum nicht geht, ohne daß man die Menschen zwingt. Aber im Medizinischen zum Beispiel wird überhaupt nichts erreicht, wenn man nicht alles Wissen, bis zum Wissen der Erde, zusammennehmen kann. Denn im Holzstamm drinnen lebt dasjenige, was von der Erde, also von dem Gegenstand der Geologie, aufwärtsgetragen wird bis zum Holzsaft. Da erstirbt es. Man muß nun auch die Meteorologie, die Luft kennen, weil von der Umgebung den Blättern dasjenige zugetragen wird, was wiederum Leben hervorruft. Und man muß auch Astronomie, Sternkunde kennen, wenn man die Gestaltung des Kambium verstehen will. Wiederum muß man das kennen, was mit dem Kambium in den Menschen hineinkommt, wenn er ihn verzehrt: den Milchsaft, der zum Gehirn sich umbildet; so daß man also, wenn man verdorbenes Kambium kriegt, als Erwachsener ein verdorbenes Gehirn bekommt. Und auf diese Weise erzeugen sich aus dem, was in der Erde drinnen ist, die Krankheiten.

Das ist dasjenige, was darüber zu sprechen ist, woher solche scheinbar unerklärlichen Krankheiten kommen. Sie liegen im Erdboden drinnen begründet.

Anmerkungen

Vortrag, 17. 12. 1908

«Nur dann hat Geisteswissenschaft über diese konkreten Fragen etwas zu sagen, wenn sie selbst in das einzelne hineinzuleuchten vermag, und das kann sie sowohl in bezug auf die Ernährungs- wie auch in bezug auf die Gesundheitsfragen.»

Zur Eröffnung des Ernährungsthemas im vorliegenden I. Band sei ein öffentlicher Vortrag gewählt, vor einer Hörerschaft gehalten, der Rudolf Steiner in Berlin seit Jahren ein wohlbekannter und hochverehrter Lehrer der geisteswissenschaftlichen Forschungsergebnisse geworden war. In jenem Herbst und Winter fand auch jene Vortragsfolge in Berlin statt, die unter dem Titel *Geisteswissenschaftliche Menschenkunde* (Rudolf-Steiner-Gesamtausgabe, GA 507) erschienen ist.

1 Ludwig Feuerbach (1804-1872), Philosoph, ein Hauptbegründer der materialistischen Weltanschauung, «Vorlesungen über das Wesen der Religion» (vgl. Rudolf Steiner, Vortrag, 8. I. 1909 im II. Band, Thementaschenbuch, Bd. 7)

2 Der Inhalt im vorliegenden I. Band stellt die Ernährungsfragen vornehmlich im allgemein menschlichen Sinne dar, während die Inhalte im II. Band berücksichtigen, daß im engeren Sinne die Ernährungsfragen in ihrer Beziehung zur inneren seelisch-geistigen Entwicklung und ihren speziellen Bedingungen gesehen werden müssen. Für beide Gebiete gilt jedoch in gleicher Weise, was hier wiederholt an verschiedenen Stellen als geisteswissenschaftliche allgemeine Maxime im strengsten Sinne betont wird: frei zu sein von jedweder Anwendung von «Agitation»!

3 Im Landwirtschaftlichen Kursus *Geisteswissenschaftliche Grundlagen zum Gedeihen der Landwirtschaft* (GA 327) hat Rudolf Steiner (1924) eine geistes-

wissenschaftlich begründete Tierernährungs- und Tierfütterungskunde vorgetragen (vgl. dort a., 7. und 8. Vortrag, sowie die Fragebeantwortungen der Aussprachen).

4 Siehe das grundlegende Werk Rudolf Steiners *Theosophie. Einführung in übersinnliche Welterkenntnis und Menschenbestimmung* (GA 9).

5 Näheres siehe Lothar Vogel, *Der dreigliedrige Mensch. Morphologische Grundlagen einer allgemeinen Menschenkunde* (Dornach 1979): «Das Blut, vereinigt in sich die Kräfte aller Wesensglieder des Menschen: Im Flüssigsein von Lymphe, Serum und Plasma wirkt der ätherische Leib; im Bluteiweiß (Albumine und Globuline), in der Gerinnungsfähigkeit, in der Blutatemfunktion und in der geformten systolischen Bewegung greift der astralische Leib ein, in der Blutwärme, im Blutfarbstoff und im Blutzucker das Ich. Der physische Leib tritt am wenigsten hervor, da die Blutsalze im Lösungszustand den höheren Funktionen untergeordnet bleiben. – Überhaupt muß voll die Gesamtkonstitution dieses Universalorgans von seiner Aufgabe her, Ichträger zu sein, begriffen werden. Diese Funktionseinheit der Wesensgliederkräfte macht auch die Entwicklungsfolge des Blutes verständlich» (S. 107).

5a «in höherem Alter» – damit ist hier vermutlich nicht der alte Mensch, sondern der Mensch im Erwachsenenalter im Unterschied zum Säugling gemeint.

6 Siehe Band II, 7. Vortrag (8. 1. 1923): «Die Wirkung des Alkohols auf den Menschen».

7 Siehe Band II, 1. Vortrag (8. 1. 1909): «Ernährungsfragen im Lichte der Geisteswissenschaft».

Vortrag, 22. 10. 1906

«Alle die Spezialgebiete müssen sich eingliedern in die geisteswissenschaftliche Bewegung, die eine Grundreform auf allen Gebieten des Lebens anstreben muß, aber von innen heraus. ... Man gibt daher dem Menschen nicht die richtige Nahrung, wenn

man sie auf seinen gegenwärtigen Status abstellt, sondern erst dann, wenn man seinen inneren Werdegang ins Auge faßt.»

Dieser 2. Vortrag bildet insofern bereits eine Brücke zu tieferschürfender Fragestellung, als darin mit der Ernährungsfrage die Gesundheitsfrage, geisteswissenschaftliche Einzelheiten der Heilmethoden im Hinblick auf die Ernährungsweise des Menschen entwickelt werden. Die geisteswissenschaftliche Bewegung stellt sich dadurch in dem Bestreben einer Grundreform auf allen Gebieten des Lebens – sie blickt für die Ernährung nicht nur auf Gegenwärtiges, sondern auf den Werdegang, den inneren Entwicklungsfortschritt des Menschen.

8 Gemeint sind die Unterweisungen der «Esoterischen Schule», deren Angehörige, ähnlich der systematischen Disziplin des Hochschulstudiums innerhalb der Universitäts-Fakultät, in stufenweisem Fortschritt und Kontinuität die notwendigen Erkenntnisse erringen. Siehe die Aufsätze Rudolf Steiners: «Die Stufen der höheren Erkenntnis» (GA 12) und «Die Konstitution der Freien Hochschule für Geisteswissenschaft. Ihre Gliederung in Sektionen» (260 a).

9 Die von Rudolf Steiner zunächst innerhalb der Theosophischen Gesellschaft entwickelte Geisteswissenschaft wird mit der Gründung der «Anthroposophischen Gesellschaft» im Jahre 1912 fortan als «Anthroposophie» und «Anthroposophische Bewegung» bezeichnet. Siehe «Prinzipien der Anthroposophischen Gesellschaft» und «Statuten der Allgemeinen Anthroposophischen Gesellschaft in Dornach».

10 Paracelsus, Philippus Theophrastus von Hohenheim (1493–1541): Arzt und Naturforscher. Siehe Rudolf Steiner, *Geisteswissenschaft und Medizin* (GA 352)

11 Siehe Wilhelm Pelikan, *Sieben Metalle*. Dornach 1968.

12 Vgl. Anm. 9.

13 Samuel Hahnemann (1755–1843), Chemiker und Arzt, Begründer der Homöopathie (siehe R. Steiner, a. a. O., GA 312).

14 Siehe Wilhelm Pelikan, *Heilpflanzenkunde, Bd. II*, Digitalis purpurea. Dornach 1977.

15 Siehe ebenda, Bd. I: Kaffeebaum, Kaffeegenuß. Siehe auch Vorträge hier in Band I: 2. 8. 1924; Band II: 8. I. 1909 und 20/25. 31913

16 «Okkultismus» wird hier im Sinne von «Geistesforschung» verwendet.

17 Siehe hierzu R. Steiner, *Wie erlangt man Erkenntnisse der höheren Welten?* (GA 10).

18 Siehe Heilmittelbereitung bei Weleda und Wala.

19 Siehe Gerhard Schmidt, *Dynamische Ernährungslehre* (St. Gallen Bd. II. Kap.: Geisteswissenschaftliche Erweiterungen der Zuckerkenntnis. Die Qualitätsfrage des Fabrikzuckers. Der Honig in geisteswissenschaftlicher Beurteilung.

20 Pythagoras, griechischer Philosoph aus Samos, 6. Jahrhundert v. Chr. Siehe R. Steiner, *Die Rätsel der Philosophie* (GA 18).

21 Vgl. Landwirtschaftlicher Kursus (GA 327), 8. Vortrag.

22 Siehe über Askese auch R. Steiner, *Westliche und östliche Weltgegensätzlichkeit* (Wien 1922), GA 83.

23 Siehe Band II, Vortrag 7. II. 1905.

Vortrag, 16. 9. 1922

«Sehen Sie, man versteht ... die verschiedenen Krankheiten, wenn man in dieser Weise hineinschaut in den verschiedenen Verlauf des Speisebreies im Organismus.»

Was Rudolf Steiner in dem 20 Vorträge umfassenden Zyklus «Geisteswissenschaft und Medizin» vom 21.3.–9.4.1920 vor praktisch im Heilwesen tätigen Ärzten und Medizin-Studenten, die mit den Anfangsgründen der Anthroposophie vertraut waren, aufgebaut hat: anknüpfend an die Natur- und Menschenbetrachtung des-Paracelsus: Sal-Merkur-Sulphur, in den Vorträgen über Löslichkeit, Salzbindung, Denkprozeß im Außermenschlichen, über Mineralprozeß, Merkurialprozeß und

Phosphorprozeß und ihre Beziehung zum Menschen (siehe 5. und 6. Vortrag), – vor den tätigen Arbeitern am Goetheanum überträgt er in goetheanistischer, geisteswissenschaftlicher Lehrmeisterschaft diese Forschungsgebiete in eine dem unmittelbar praktisch denkenden und vorstehenden Anschauen auffaßbare Sprache lebensvoller Erfahrung. Insofern stellen, wie im Vorwort begründet, die Arbeitervorträge ein Gebiet der Lebens- und Weltanschauung der Gegenwart dar, durch welches modernes Wissenschaftsbewußtsein lebensvoll allgemeine Bedeutung für das volkspädagogische Bildungsstreben des Menschen findet. Man möge bedenken, daß diese Hörerschaft der Arbeiter durch ihr Mitwirken bei allem künstlerischen Aufbau des Goetheanum-Bauwerkes in ständigem Umgang mit den Künstlern, Forschern, Bauingenieuren, Technikern lebte und so von Werk zu Werk durch die Vorträge von Rudolf Steiner, die ausschließlich, exklusiv für sie gehalten, in ihrer Sprache gehalten wurden, eine Auffassungsgabe ausbildete, die sie am gesamt-anthroposophischen geistigen Leben, so am Gebiet der medizinischen, pädagogischen, naturwissenschaftlichen Ereignisse am entstehenden Goetheanum und seiner Freien Hochschule Anteil nehmen ließ. So werden im vorliegenden Band I Inhalte aus diesen lebensnahen Kontakten der Forschung mit der Arbeit ausgewählt, während die Inhalte im Band II aus den internen Inhalten genommen sind, welche Rudolf Steiner als Geistesforscher vor seiner Schülerschaft, den Mitgliedern der Anthroposophischen Gesellschaft stufenweise vortragen konnte.

24 Siehe Lothar Vogel, *Der dreigliedrige Mensch*, Kap.: Der Säfteorganismus. Das ernährende System. Die vier großen Leibesdrüsen (Pankreas). Der Rhythmus der Inselorgane.

25 Siehe Anm. 24.

26 Siehe Rudolf Steiner, *Geisteswissenschaft und Medizin* (GA 312). – Zur Migräne siehe auch den Beitrag von Otto Wolff in Friedrich Husemann/Otto Wolff, *Das Bild des Menschen als Grundlage der Heilkunst*, Bd. 2, 6., bearb. u. erw. Auflage, Stuttgart, 2000, S. 355 ff.

26a «Nicht ordentlich zubereitet» bezieht sich auf die Eignung für das Blut und damit einen nicht ausreichenden Abbau im Darm.

Vortrag, 18. 7. 1923

«Erst dadurch kommt der Mensch zu den geistigen Wesen in ein rechtes Verhältnis, daß er sich eben anstrengen muß. Und es kostet die allergrößte Anstrengung, um in der geistigen Welt forschen zu können...»

Wir fügen bewußt den Gesamtinhalt des Vortrages ungekürzt unserem Band I ein, obwohl die spezielle Thematik über einzelne Nahrungssubstanzen erst im letzten Teil zur Ausführung kommt. Denn es bedurfte die darin erstmalige Eröffnung der geisteswissenschaftlichen Forschungsresultate über die Ernährung des Menschen aus der kosmisch-ätherischen Umwelt und die Ernährung aus den irdischen Substanzen einer so umfassenden Einleitung durch die Beispiele der Vorthematik. Daß es die Hörerschaft der Arbeiter am Goetheanum war, denen diese Darstellung über die Zusammenhänge der irdisch-kosmischen Ernährung zuerst erschlossen wurde, gehört gewiß zu den einmaligen Tatbeständen der geistigen Entwicklung der Gegenwart. – Im ganzen Zusammenhang werden diese bedeutungsvollen Tatsachen erst durch die Inhalte des Bandes II verständlich werden. Der Band I wendet sich zuerst noch den Inhalten über spezielle Nahrungssubstanzen und Ernährungsweisen zu.

27 In der Fragestunde vom 7. 7. 1923 war Rudolf Steiner bereits auf früher gestellte Fragen zu sprechen gekommen, so über den Flugtraum, über Erschrecken, Zusammenzucken im Wachzustand. Daran knüpft unser 4. Vortrag an.

28 Gemeint ist organisch wirkende, in den Organen wirkende Angst. Die Griechen sahen die Mutseele, die Tapferkeit in Herz und Atem lokalisiert, dort wirksam gegen das von Angst bewirkte Stocken des Atems und des Pulsschlages.

29 Am 28. 6. 1923 (GA 350): Ausbildung eines selbständigen Denkens und des Rückwärtsdenkens. Antworten auf die Fragen: Wie kann man in bezug auf die Welt- und Lebensanschauung zum Schauen der Weltgeheimnisse kom-

men? Wie weit hat der Mensch zu gehen, bis er auf dem Weg der Naturwissenschaft höhere Welten findet?

30 In einfachsten Worten wird hier hingewiesen auf Übungen seelischer Ertüchtigung, auf Tugend-Übungen: Man muß lernen, im Ängstlich-zumute-Sein, also im Wechselspiel der Furcht- und Mut-Seele, mutig zu sein.

31 Frage am 28. 6. 1923: Welche Beziehung haben die Pflanzen zum Menschen, zum menschlichen Leib?

32 In Pierers Konversations-Lexikon. Der Satz heißt: «Er (Drake) stand lange irrtümlich im Rufe, die Kartoffel in Europa eingeführt zu haben, weshalb ihm 1853 in Offenburg ein Denkmal gesetzt wurde.»

33 Siehe R. Steiner, *Geisteswissenschaft und Medizin* (GA 312), 5. Vortrag: Wurzelbildung, Blatt-, Blüte- und Fruchtbildung und ihre Beziehung zum Mineral, Merkurial- und Phosphorprozeß und zum Menschen.

34 Siehe erste ausführliche Darstellung in R. Steiner, *Initiations-Erkenntnis* (GA 227), 5. Vortrag: Des Menschen Beziehung zu den drei Welten. Siehe auch Vortrag, Dornach, 20. 6. 1924: Bericht über den Landwirtschaftlichen Kurs vor Mitgliedern in Dornach. Zur Einführung: R. Steiner, *Geisteswissenschaftliche Grundlagen zum Gedeihen der Landwirtschaft* (Landwirtschaftlicher Kursus, GA 327).

35 Gemeint ist dies im Sinne von Anm. 34: «Da kommt eine Gegenkraft aus dem Äther heran, und wir bauen unseren ganzen Körper aus dem Äther heraus auf.»

36 Der nächste Arbeitervortrag vom 20. 7. 1923 führt das Thema: Menschliche und kosmische Atmung – das Licht-Atmen der Erde – die Befruchtung bei der Pflanze und beim Menschen, des Wassers durch den Blitz, fort. Am 28. 7. 1923 folgt der geistesgeschichtlich hochbedeutsame Hinweis auf die menschheitliche Veränderung mit dem Beginn des 20. Jahrhunderts; Lungen-Wissen und Nieren-Wissen – wird behandelt und am 22. 9. 1923 die spezielle Ernährungsthematik fortgesetzt.

Vortrag, 22. 9. 1923

«So braucht der schaffende Geist in der Natur überall den Stoff.»
«Die Salze hängen am meisten zusammen mit demjenigen, was unser Denken ist.» ... *«Die Kohlehydrate tragen das ihrige dazu bei, daß wir überhaupt die richtige menschliche Gestalt haben* . ... *«Für das Allerwichtigste, daß sich das Fett ablagern kann und lebendig bleibt – denn wir müssen ja lebendiges Fett in uns haben –, für dieses Allerwichtigste ist der Ätherleib da* . ... *«Das Eiweiß, das ist dasjenige, was den Menschen eigentlich bildet, entwickelt; es ist das Ursprüngliche, das zugrunde liegt.»*

«Der physische Leib nimmt zunächst seinen Ursprung aus dem Eiweiß. Dieses Eiweiß hängt mit Geburt und Tod des physischen Menschen zusammen. Der Ätherleib hat sein hauptsächliches Feld in den Fetten. Der Astralleib hat sein hauptsächliches Feld in den Kohlehydraten, und erst das Ich hat sein Feld in dem Salze. «

37 Vgl. 3. Vortrag, 16. 9. 1922.

38 Siehe vor allem Rudolf Steiner und Ita Wegman, *Grundlegendes für eine Erweiterung der Heilkunst nach geisteswissenschaftlichen Erkenntnissen* (GA 27), Kap. VIII: Tätigkeiten im menschlichen Organismus; Kap. IX: Die Rolle des Eiweißes im Menschenkörper und Albuminerie; Kap. X: Die Rolle des Fettes im menschlichen Organismus und die trügerischen lokalen Symptomenkomplexe.

38a Hier handelt es sich nicht um stoffliche Verdauung, sondern um Kräfte.

38b Zu Rudolf Steiners Zeiten gab es Mangelernährung durch einseitige Ernährung mit zuviel Kohlenhydraten (Kartoffeln) und zu wenig Eiweiß. Dies bedingte eine schlechte Versorgung des Embryos. Heute leiden wir eher unter Überernährung.

39 Auf den folgenden Schluß dieses Vortrages kann in unserem Ernährungszusammenhang verzichtet werden, da er sich speziell Fragen der Wissenschaft und der Theologie zuwendet.

Vortrag, 23. 1. 1924

Mineralgifte bewirken, daß der physische Leib in den Ätherleib sich hineinzieht. – Pflanzengifte bewirken, daß der Ätherleib in den Astralleib sich hineinzieht. – Tierische Gifte bewirken, daß der astralische Leib in das Ich sich hineinzieht.

Diesem Arbeitervortrag war vorangegangen eine Darstellung über Giftstoffe und ihre Wirkungen im Menschen (19. 1. 1924). Darauf wird im folgenden Bezug genommen und das Thema des . Vortrages fortgesetzt.

40 19.1.1924: Über Giftstoffe und ihre Wirkungen im Menschen.

40a Hier handelt es sich um eine medizinische Angabe für ein homöopathisches Medikament.

41 Siehe Vortrag 8. I. 1923; im Band II, 7. Vortrag.

Vortrag, 31. 7. 1924

Dieser Vortrag, der durch eine direkte Frage zur Ernährung ausgelöst war, bringt genaue Beziehungen von Wurzel, Kraut, Blüte und Frucht zu der Kopf-, Brust- und Unterleib-Organisation zur Darstellung und wird im nachfolgenden Vortrag unmittelbar fortgesetzt.

42 Siehe hier 9. Vortrag, 31.10.1923

43 Vgl. R. Steiner, *Inititations-Erkenntnis* (GA 227), 5. Vortrag: Des Menschen Beziehung zu den drei Welten.

44 Vgl. Möhrenfütterung bei Tieren, siehe Anm. 21.

44a Durch Garen wird die Stärke besser verdaut im Darm, daher weniger belastend. Allerdings ißt ohnehin kaum jemand rohe Kartoffeln.

45 Siehe Gerhard Schmidt, *Dynamische Ernährungslehre* (St. Gallen 1979), Bd. I, Kap. 7: Bircher-Benners Entdeckung der Rohkost; Kap. 6: Wärme

und Kälte in der Ernährung. – Vgl. auch Otto Wolff, *Was essen wir eigentlich?* (Stuttgart 1998) Kap.: «Rohkost ist ‹Sonnennahrung›».

46 Vgl. Band II, 5. Vortrag, 9.11. 1923, über Mineralisches und Wärmeäther.

46a Mineralstoffe wie Salz müssen nicht verdaut werden, sie sind schon abgebaut, die Stärke der Kartoffel muss dagegen als Kohlenhydrat im Darm zu Zucker abgebaut werden.

Vortrag, 2. 8. 1924

«Man muß berücksichtigen, wenn man über die Ernährung spricht, wie man überhaupt die Nahrungsmittel gewinnt.»
«Da handelt es sich auch darum, daß wir die Pflanzen selber in der richtigen Weise ernähren.»
«Man macht den Boden lebendig, indem man ihn ordentlich düngt. Das ordentliche Düngen, das ist dasjenige, was uns wirklich richtiges Eiweiß liefert. Richtiger Dünger ist der, der aus den Ställen kommt, aus dem Kuhstall, der aus der Wirtschaft selber heraus kommt.»

Dieser Vortrag vom 2. 8. 1924 enthält bereits wie in einem Extrakt den Inhalt, den Rudolf Steiner im Landwirtschaftlichen Kursus (Koberwitz, 7.–16. 6. 1924, GA 327), im engen Kreis anthroposophischer Landwirte als Grundlage für eine Landwirtschaftserneuerung der Zukunft dann ausführlich dargestellt hat.

Die an den Vortrag anschließende Fragenbeantwortung wird in diesem Band nicht wiedergegeben.

47 Vgl. besonders den 3. Vortrag im Landwirtschaftlichen Kursus (GA 327): Exkurs in die Tätigkeit der Natur, die Wirkung des Geistes in der Natur, über den Schwefel, Kohlenstoff, Sauerstoff, Stickstoff und Wasserstoff.

48 Siehe ebda., Einleitungsvortrag, 20. 6. 1924.

Vortrag 31.10.1924

«Die Gesundheitsverhältnisse der Menschen hängen ganz vom Pflanzenwachstum ab, und deshalb muß man kennen, was da im Pflanzenwachstum eigentlich alles mitwirkt.»
«So daß man also in der aufsteigenden Pflanze einen Weg sieht, wie aus der Erde heraus durch den Tod zum lebendigen Geist die ganze Pflanze selbst sich aufbaut.»

Als abschließend-zusammenfassender Vortrag ist der sogenannte «Kambium-Vortrag» Rudolf Steiners gewählt, da er in einzigartiger Deutlichkeit die Dreigliedrigkeit des gesamten Pflanzenwachstums, insbesondere der Dauerpflanze, des Baumes darstellt. Er war ausgelöst durch eine Frage: «Wie soll die Volksernährung zur Volksgesundung stehen?» (speziell im Hinblick auf die in den Nachkriegsjahren bedenklich auftretenden Formen der Grippe-Erkrankungen und Kinder- sowie Erwachsenen-Lähmung). Auf die Wiedergabe dieser am Anfang stehenden Fragenbeantwortung kann im Zusammenhang des vorliegenden Bandes verzichtet werden. Rudolf Steiner geht von dieser Frage aus (mit einer Einleitung über die im Forschungsinstitut am Goetheanum [Stuttgart] durchgeführten Potenzierungsversuche [Verdünnungsversuche]), um dann den Gesamtüberblick in das *Pflanzenwachstum in seiner Beziehung zum Menschen* zu geben. Diesem Arbeitervortrag vom 31.10.1923 folgen bis vor Weihnachten 1923 die 8 Vorträge des sogenannten Bienen-Kursus, in denen das diätetische Thema besonders auf die Bedeutung von Milch und Honig gerichtet ist. Insofern nimmt der Kambium-Vortrag eine zentrale Stellung im Vortragswerk unmittelbar vor den Ereignissen der Weihnachtstagung, der Neubegründung der Allgemeinen Anthroposophischen Gesellschaft und der Freien Hochschule am Goetheanum in Dornach, ein.

«Das Kambium bringt die Pflanze in Verbindung mit den Sternen. Das geht dann auf den Samen über, und dadurch wird die nächste Pflanze geboren, so daß die Sterne auf dem Umwege durch das Kambium die nächste Pflanze erzeugen ... Der Samen muß zunächst die Einwirkung vom Kambium, die Einwirkung vom ganzen Himmel haben.» Damit ist zugleich die Grundkenntnis für die irdisch-kosmische Dynamik im Wesen der Landwirtschaft und der Ernährung (siehe Band II) eröffnet.

49 Am Ende des vorangegangenen Vortrags am 27. 10. 1923 «über den Sternenzusammenhang» formuliert Rudolf Steiner selbst die noch offen stehende Frage: «Da können Sie dann auch die Frage stellen: Wie soll die Volksernährung zur Volksgesundung stehen?»

50 Siehe R. Steiner: «Der Mensch als Zusammenklang des schaffenden, bildenden und gestaltenden Weltenwortes» (GA 230), 7. Vortrag.

51 Runzeln = Kräuseln.

52 Vgl. R. Steiner, Vortrags. 1. 3. 1924: Einwirkung der Friedhofsatmosphäre auf den Menschen; in: *Die Geschichte der Menschheit und die Weltanschauungen der Kulturvölker* (GA 353).

53 Vgl. Anm. 5 Kap. IV.: Das Sinnes-Nerven-System, das Gehirn; Kap. V.: Der Säfteorganismus, ernährende Lymphe, Muttermilch.

Ausführliche Inhaltsübersicht

Vegetarismus und Gehirntätigkeit. Fortpflanzungsfähigkeit und das Visionäre. Die feste Beherrschung des inneren Lebens. Einklang mit der werdenden Natur. Goethe.

Der Ernährungsvorgang
Dornach, 16. September 1922

Ptyalin, Pepsin, Geschmackssinn, Milchnahrung, Tryptin. Leber-Fühlen. Niere, Galle, Lymphe, Blut. Stärke, Eiweiß, Fette, Salze. Zuckerbildung, Alkoholbildung in der Verdauung. Entartung von Leber und Herz. Glyzerin und Fettsäuren. Paracelsus. Über Migräne. Gehirngewicht und Salze. Mensch und Tier. Salzprozesse und Denkprozeß, Phosphorprozesse und Willensprozeß. Das Lebende, Webende, das Seelisch-Geistige. Erweiterung der wirklichen Wissenschaft.

Ernährungsfragen: Wirkung von Kartoffeln, Rübe und Rettich
Dornach, 18. Juli 1923.

Bild der Pflanze: Wurzel – Salze; Blüte – Öle. Umkehrung: Mensch – Pflanze. Kartoffel als Sproßknolle. Kartoffelnahrung als Zuspeise. Die rote Rübe. Denkanregung. Rettich. Traumanregung. Stoffabsonderung. Stoff der Erde – Gegenkraft: Anregung aus dem Äther. «Aufbau aus dem, was außer der Erde ist!» Die durchlichtete Umgebung. Das Ichgefühl.

Die Wirkung von Eiweiß, Fetten, Kohlehydraten und Salzen
Dornach, 22. September 1923.

Die Beziehung der geistigen Welt zur Ernährung. Eiweiß-Fette-Kohlehydrate – Salze.

Salzmangel und Schwachsinn.
Der schaffende Geist in den Stoffen. Der vergeistigte Zustand der Substanz.
Kohlehydrat und menschliche Gestalt. Schwäche der menschlichen Gestalt. Wirkung der Kohlehydrate auf die Sprache. Ursache von Heiserkeit.
Wachen und Schlafen, Fettbildungsprozesse.
Über Hungerwahnsinn. Schwindsucht.
Eiweiß als Lebensstoff. Stoffe und Kräfte der Nahrung. Kartoffelnahrung -Vorderkopfverdauung. Materialistischer Verstand. Entwicklung des inneren Denkens.
Der Mensch als Geschöpf von Sonne, Mond, Sternen.
Materialismus der neueren Zeit.
Die Gliederung des Menschen: physischer Leib, Ätherleib,
Astralleib, Ich. Roggen- und Weizennahrung und das richtige Eingreifen des Seelisch-Geistigen. Wasserkopfbildung, Wachstum des Physischen. Zahnbildung, Geschlechtsreife.
Naturwissenschaft und Sozialwissenschaft: Eine wirkliche Wissenschaft, die einsieht, wie der Geist wirken kann in der Materie.

Von der Ernährung
Dornach 23. Januar 1924

Eiweiß-Nahrung. Arterienverkalkung. Infektionsneigungen: Diphterie, Blattern, Pocken.
Eiweiß-Verdauung und Ätherleib. Fäulnisprozesse und Ätherleib – Riechen. Fett-Verdauung und Astralleib – Schmecken. Das Ranzigwerden der Fette. Magen- und Darmkrankheiten. Kupfer, Arsen als Heilmittel, Kohlehydrate (Stärke, Dextrin, Zucker), Alkohol. Gärung. Wärmeerzeugung, Blut, Drüsenabsonderung. Ich.
Kartoffel als gutes Nahrungsmittel, «durch ihren geringen Eiweißgehalt». Kopfschwäche durch zuviel Kartoffelnahrung. Mittelhirn, Vorderhirn. Materialismus. Nachtschattengewächse. Gift. Augenkrankheit. Geschmacksvermögen.

Der Leichnam. Heilwirkungen von Quellen. Schwefelwasserstoff. Ernährung und Vergiftung.

Über das Verhältnis der Nahrungsmittel zum Menschen
Dornach, 31. Juli 1924

Bereitung des Eiweiß durch die Pflanzen aus dem Mineralischen, Leblosen, Blattgrün – rotes Blut. Kohlenstoff, Diamant, Graphit. Sauerstoff – Kohlensäure im Pflanzen- und Menschenwesen. Wurzelsache und Kopforganisation. Kohlensäure, phosphorsaurer Kalk. Kopfschwäche – Kopfstärke und Würmerparasitismus in Gedärmen. Kinderernährung. Körner-Nahrung (Getreide). Ernährung der Landleute. Der Wärmeprozeß des Kochens der Nahrung. Brotbacken, Rösten. Sogenannte «Rohkost».
Die originäre Fettbildung. Wurzelkräfte der Halmfrüchte. Pflanzenfette der Kraut- und Salatgewächse. Aufbau der Stoffwechselorgane durch Eiweiß-Nahrung: die Frucht- und Obstnahrung. Fettbildung im Organismus aus pflanzlichem oder tierischem Fett. Vegetarismus als Erstarkung der Organisation. Gefahren. Über Eiweiß-Überschuß. Arterienverkalkung. Gehirnvergiftung. Skala der Nahrungswirkung.

Fragen der Ernährung, Abhärtung, Düngung
Dornach, 2. August 1924.

Das Gleichnis vom Zerlegen der Uhr. Zerlegung der Eiweiß-Urstoffe. Eiweiß-Aufbau im Innern. Sauerstoff-, Stickstoff-, Wasserstoff-, Schwefelprozesse durch die Luft. Gesundes Pflanzen-Eiweiß: Früchte-Nahrung. Gesunde Pflanzen-Nahrung durch «richtige Pflanzen-Ernährung». Verlebendigung des Bodens. Das ordentliche Düngen. Das richtige Pflanzen-Eiweiß. «Mineralischer Dünger». Eiweiß-Mangel der Feldfrüchte. «Das viel wissenschaftlichere Laboratorium in der Kuh.» Der Kuh-Dünger. Körnerfrüchte. Lunge und Herz. «Abhärtung der Kinder». Gefahr der Blinddarmentzündung durch mangelhafte Kleidung. Tyrannis der Mode. Tuberkulose und Kartoffelanbau.

Vom Pflanzenwachstum
Dornach, 31. Oktober 1923

Vom Baumwachstum. Der Saft der Erde: der Holzsaft. Seine Lebensfähigkeit als Chemiker. Sein Absterben. Das neue Leben im Blattsaft: der Lebenssaft als Lebenserreger.
Zwischen Rinde und Holz: das Kambium, der Pflanzengummi. Die Pflanzenform aus dem Umkreis des Sternenwirkens heraus «modelliert».
Metallwirkungen im Erdboden: Kupferwirkung, Bleiwirkung.
Zellsaft als Lebensschleim, Blut, Milchsaft. Die Bildung des Gehirns. Frauenmilch und Gestaltbildung. Grippeerkrankung und Kinderlähmung.

Quellennachweis

Ernährungsfragen im Lichte der Geisteswissenschaft; Berlin, 17. Dezember 1908; in: *Wo und wie findet man den Geist*, GA Bibl.-Nr. 57, Dornach ²1984.

Ernährungsfragen und Heilmethoden; Berlin, 22. Oktober 1906; in: *Ursprungsimpulse der Geisteswissenschaft*, GA Bibl.-Nr. 96, Dornach ²1989.

Der Ernährungsvorgang; Dornach, 16. September 1922; in: *Die Erkenntnis des Menschenwesens nach Leib, Seele und Geist*, GA Bibl.-Nr. 347, Dornach ³1995.

Ernährungsfragen. Wirkung von Kartoffeln, Rübe und Rettich; Dornach, 18. Juli 1923; in: *Rhythmen im Kosmos und im Menschenwesen*, GA Bibl.-Nr. 350, Dornach ³1991.

Die Wirkung von Eiweiß, Fetten, Kohlehydraten und Salzen; Dornach, 22. September 1923; in: *Rhythmen im Kosmos und im Menschenwesen,* GA Bibl.-Nr. 350.

Von der Ernährung; Dornach, 23. Januar 1924, in: *Natur und Mensch in geisteswissenschaftlicher Betrachtung*, GA Bibl.-Nr. 352, Dornach ³1981.

Über das Verhältnis der Nahrungsmittel zum Menschen; Dornach, 31. Juli 1924, in: *Die Schöpfung der Welt und des Menschen*, GA Bibl.-Nr. 354, Dornach ³2000.

Fragen der Ernährung, Abhärtung, Düngung; Dornach, 2. August 1924; in: *Die Schöpfung der Welt und des Menschen,* GA Bibl.-Nr. 354, Dornach ³2000.

Vom Pflanzenwachstum; Dornach, 31. Oktober 1923; in: *Mensch und Welt – Das Wirken des Geistes in der Natur*, GA Bibl.-Nr. 351, Dornach ⁵1999.

Otto Wolff
Was essen wir eigentlich?
Praktische Gesichtspunkte
zur Ernährung
auf geisteswissenschaftlicher Grundlage
Praxis Anthroposophie 44
147 Seiten, kartoniert

Ob es Rohkost, Milchprodukte, Fette, Zucker oder Fleisch sind, ob es die Frage nach vegetarischer Ernährung oder das Cholesterin-Problem ist, in jedem Falle weiß man nach der Lekure dieses Buches mehr über den Wert eines Nahrungsmittels und ist damit urteilsfähig in der heute immer brennender werdenden Frage «Was essen wir eigentlich?»

«Da Wolff ein ausgezeichneter Kenner der naturwissenschaftlichen Zusammenhänge auf dem Gebiet der Medizin und der Ernährung ist, kann er in diesem Buch komplizierte Zusammenhänge einfach und anschaulich darstellen. So ist ein spannendes, faktenreiches und temperamentvoll geschriebenes Buch entstanden.»

Lebendige Erde

Verlag Freies Geistesleben
Wissenschaft und Lebenskunst

Rudolf Steiner
Wege der Übung
Themen aus dem Gesamtwerk 1
Zwölf Vorträge, ausgewählt und herausgegeben von Stefan Leber
319 Seiten, kartoniert

«Der Keim zu übersinnlicher Schauung ist heute eigentlich viel verbreiteter, als man denkt – aber er muß entwickelt werden. Daß er entwickelt werden muß, das lehrt uns wahrhaftig auch der Ernst der Zeit in bezug auf die äußeren Erlebnisse.»

Rudolf Steiner

Die in diesem Band zusammengefaßten Vorträge Rudolf Steiners handeln von den Methoden der Bewußtseinserweiterung durch seelische Schulung beziehungsweise Übung. Dabei wird auch sichtbar, daß sich das geisteswissenschaftlich-anthroposophische Verständnis des Übungsweges tiefgreifend von anderen, in langen Traditionen gründenden Weisheitslehren unterscheidet.

Verlag Freies Geistesleben
Wissenschaft und Lebenskunst

Rudolf Steiner
Zur Sinneslehre
Themen aus dem Gesamtwerk 3
Acht Vorträge, ausgewählt und herausgegeben von Christoph Lindenberg
192 Seiten, kartoniert

«Das ist das erste Kapitel der Anthroposophie: die wirkliche Natur und Wesenheit unserer Sinne.»

Rudolf Steiner

Zwölf Sinne hat der Mensch, die ihm die Vielfalt der Welt erschließen. Christoph Lindenberg hat charakteristische Vorträge Rudolf Steiners zusammengestellt und kommentiert, in denen die Gesamtheit der menschlichen Sinne und ihre Bedeutung beschrieben werden.

Verlag Freies Geistesleben
Wissenschaft und Lebenskunst

Rudolf Steiner
Vom Lebenslauf des Menschen
Themen aus dem Gesamtwerk 4
Zwölf Vorträge, ausgewählt und herausgegeben von Erhard Fucke
312 Seiten, kartoniert

«Die günstigste Zeit für die Entfaltung spiritueller Anlagen ist die Zeit, wenn das fünfunddreißigste Jahr gekommen ist. Da werden die Kräfte, die sonst in den Körper hineingehen, frei, man hat sie zur Verfügung und kann mit ihnen arbeiten. Es ist daher ein besonders günstiges karmisches Geschick, wenn der Mensch nicht zu spät zur okkulten Entwickelung kommt.»

Rudolf Steiner

Rudolf Steiner schildert, wie der Lebenslauf rhythmisch gegliedert ist und welche Möglichkeiten sich dem Menschen zur bewußten Steigerung seiner Fähigkeiten durch eine vertiefte Erkenntnis des Lebens ergeben.

Verlag Freies Geistesleben
Wissenschaft und Lebenskunst

Rudolf Steiner
Elemente der Erziehungskunst
Menschenkundliche Grundlagen der Waldorfpädagogik
Themen aus dem Gesamtwerk 12
Neun Vorträge, ausgewählt und herausgegeben von Karl Rittersbacher
224 Seiten, kartoniert

«Für die äußere materielle Welt wirkst du durch das, was du tust; als Erzieher wirkst du durch das, was du bist.»

Rudolf Steiner

Bereits vor der Gründung der ersten Waldorfschule für die Kinder der Arbeiter der Waldorf-Astoria-Zigarettenfabrik in Stuttgart 1919 entwickelte Rudolf Steiner grundlegende Einsichten in die Entwicklung des Menschen. Seine für diesen Band ausgewählten Vorträge enthalten Anregungen und Richtlinien für die neue Pädagogik, die später bei der Gründung der Waldorfschule aufgegriffen wurden.

Rudolf Steiner
Das Leben nach dem Tod
und sein Zusammenhang mit der Welt der Lebenden
Themen aus dem Gesamtwerk 15
Dreizehn Vorträge, ausgewählt und herausgegeben von Frank Teichmann
310 Seiten, kartoniert

«Die Geisteswissenschaft weiß, daß die Seele schon im Leibe sich für das Leben zwischen Tod und Wiedergeburt vorbereitet; und Sinn und Bedeutung bekommt das Leben zwischen Geburt und Tod, indem wir hinschauen auf das Dasein zwischen Tod und nächster Geburt.»

Rudolf Steiner

Dieser Band gibt einen ersten Überblick über das Ereignis des Todes, den nachtodlichen Weg des Menschenwesens und dessen Verbindung mit den Angehörigen. Wie man mit einem Toten «sprechen» kann, auf welch feine «Antworten» man hinhören muß, das legt Rudolf Steiner in seinen Vorträgen immer erneut dar.

Verlag Freies Geistesleben
Wissenschaft und Lebenskunst